平凡社新書
959

渋沢栄一

変わり身の早さと未来を見抜く眼力

橘木俊詔
TACHIBANAKI TOSHIAKI

HEIBONSHA

渋沢栄一●目次

はしがき

渋沢栄一は、「日本資本主義の父」と称されるほどの偉大な経済人であるが、いろいろな顔を有した人物であり、しかもその人生は波乱万丈であった。

なぜ波乱万丈であったかといえば、次の二つによる。

第1は、仕事あるいは職業を転々としたことにある。農民の出でありながら武士になることに成功し、尊王攘夷論による倒幕運動に関与したかと思えば、江戸幕府に仕えて体制側に入った。その後、幕府の命でフランスに渡る。そして帰国したのちに、一時は民間経済人となるが、すぐに大蔵省という政府の役人に転身した。官僚をやめてからは再び民間経済人に戻る。渋沢にとって、この先が人生でもっとも長く、そして彼が名声を轟かせた時期だった。

第2は、国内での生活に加えて、外国での生活が二度ある。まずは1年半という短い期間ながらもフランスに滞在して、いろいろなことを学んだ。次いで第一国立銀行の頭取時代に朝鮮に支店を設けて、その銀行をあたかも中央銀行のようにして、現地の紙幣に自分の肖像を用いたのである。

フランス時代の経験はとても重要で、のちの渋沢の経済人としての仕事に大いに役立った。一方で、朝鮮での仕事は評価がわかれる。

実は、韓国では慶應義塾の創設者・福沢諭吉と渋沢栄一の二人はすこぶる評判が悪い。「脱亜入欧」で朝鮮を見下したと解釈された福沢と、朝鮮での植民地支配の実行役の一人であった渋沢は、韓国からすると植民地主義者なのである。

奇しくもこの二人は、現一万円札と次の一万円札の肖像画でもある。これらの植民地に対する姿勢はさほど論じられないので記しておく。

筆者が経済学者だけに、渋沢の経営者・資本家としての仕事ぶりには格別の関心を払った。

民間経済人になる前に大蔵省で仕事をしたことは、渋沢にとってとても貴重な経験だった。明治時代の殖産興業政策は政府主導であり、その政府にいた渋沢は、民間企業が政府といかに一緒に仕事をすればよいのかを身を以て体験したことが、実にうまく活かされていることを感得してほしい。

もう一つの視点は、労働者との関係である。三菱の岩崎弥太郎のように資本主義経営者の権化のような、お金もうけのためならなんでもやる、労働者にも強く接するような人間ではなく、労働者という弱者への接し方に関して、渋沢はすこぶる評判が高い。社会福祉事業にもいろいろと関与しただけに、弱者には温かく接する人物であったとされる。

この評価に関しては、やや学問的になるが「空想的社会主義」あるいは「社会政策学派」の薫りがすると述べる。ただし企業を潰してまで労働者の味方にはならない、あくまで経営者だったことも確実である。

さらに、多種多様な顔を有する渋沢なので、次の三点はどうしても避けられない。

第1は、『論語』に関することである。孔子の道徳論を好んだので、この思想を経営にも生かした。

第2は、人材養成のために学校教育にも励んだ。

第3は、日本が国際化したので、経営者として外国への出張が人生の後半に多くなり、民間外交人としての役割を果たした。

これら三点に関して筆者の評価は次のようなものである。

第1は、経営に道徳が必要とした点は大いに評価するが、例えば男女間に関しては古い道徳観に固執した。

第2は、渋沢が教育を大切としたことには異論はないが、女子教育に関してはまだ古い考えであった。これら二点は、渋沢の生きた時世は男尊女卑の時代だったので、それに反旗を翻す勇気はなかった、としておこう。

第3は、渋沢は文化を誇るフランスよりも、経済合理性を優先する英米が好みとなっていたのではないか、とした。

序章　渋沢栄一の生涯を振り返る

生い立ちと子ども時代

渋沢栄一がどこで生まれ、どのような子ども時代を送ったかを知っておこう。栄一の人生で起きた事象については、基本的に渋沢栄一記念財団（2012）の『渋沢栄一を知る事典』に依拠する。

渋沢栄一は1840（天保11）年3月16日に、現在の埼玉県深谷市血洗島で、父・市郎右衛門、母・えいの間に生まれた。一家の家業は農業と藍業であった。

ここでは、父の人生と母の性格が重要なので、そのことをやや詳しく記述しておこう。どの子どもも父母のDNAを受け継いでいるし、親の生き方が子どものそれに大きな影響を与えるからである。

父・市郎右衛門は米・麦の生産と養蚕業以外に、藍の買い入れと販売を行っており、農業と商業はかなり繁盛していた。従って渋沢家の生活はかなり裕福であり、栄一が豪農の出身と言われる根拠の一つになっている。

江戸時代の末期には、裕福な人は苗字帯刀が可能になっていた。実際、父は領主から苗字をもらい、帯刀も許されたのである。しかも父は学問にも関心が高く、息子の教育に熱心な人であった。

一方、母・えいの性格はとても慈悲深かったようで、近所に住む貧しい人や病気がちの人に優しく接していたのである。

このように、経済的に余裕のある家庭状況だったし、父の商売上手と学問好きはそのまま栄一に引き継がれたと考えてもいいだろう。さらに、母の困っている人を慈しむ性格は、栄一が経営者になったときに労働者のことを気に掛ける心の持ち主であった源泉とみなせる。

もとより子どもが父母のDNAを全部引き継ぐということはなく、親からの遺伝によらない、生まれながらの子ども独自の能力と性格もあるし、幼年、少年、青年時代に受けた教育と環境の効果もあることは知っておこう。それらについては、橘木（2017a）を参照のこと。

本書では、これら遺伝・能力・環境・努力・運といったことにも留意しながら、栄一の人生の節目節目で何がもっとも影響力を与えたかを追うことにする。これが本書の特色の一つとみなしてもらってよい。

少年時代の栄一は何をしていたのであろうか。

渋沢家の家格であれば、子どもは寺子屋に通って読み書き算術は学んだであろうし、6歳から7歳の時に父親から漢文を学び始めたという。重要な教育は親類（すなわち従兄）から受け、10歳以上も年上の尾高惇忠から漢籍を教わっていた。尾高に学ぶことを勧めたのは父・市郎右衛門だったので、環境の成す業であった。尾高は学者として地域では知られた人であり、栄一にとっては、のちに『論語』を座右の書にする素地をつくる上で有用であった。

言うまでもなく、『論語』は孔子の高弟がまとめたもので、『孟子』『大学』『中庸』とともに朱子学の四書の一つである。いわゆる儒教の聖典といってもよいほどの古典である。

漢文を容易に読めるようになったのは、父・市郎右衛門の教育に加えて素養が息子にうまく伝わったとみなしてよい。のちに栄一自身が『論語と算盤』という書物を口述で出版したほどであるから、『論語』は栄一にとってもっとも重要な書物であり、人生上の指針にもなったのである。

14歳から15歳になった栄一は、父の期待通り家業を手伝うようになる。

江戸時代末期であれば、士農工商の身分制度も厳格でなくなり、息子は必ずしも親の職業を絶対に世襲する時代ではなくなっていたが、大半の家庭ではそれが伝統だったので、栄一は家業を継ぐ気があったのであろう。農業、養蚕業に加えて藍の葉を売買する職業に従事するのが栄一の仕事であった。とはいえ、尾高惇忠のところで漢籍を中心に勉強を続けていたし、農民でありながら武術も学んでいた。

ここで筆者の解釈を記述すると、学問・武術の修業にも栄一がかなりの熱意を持っていたということは、一介の農民で人生を終えないぞ、という彼の強い希望と意思を垣間見ることができる。

幕末を生きた青年期

10代後半の年齢になると、栄一の藍商売もうまくいき、人生に自信を持つようになっていた。同時に水戸学（水戸藩における尊王攘夷〔天皇を尊び外敵を追い出す〕を主張する学問一派）に染まっていた尾高惇忠らの仲間の思想に同調して、栄一もこの思想を信じるようになっていた。

ある時、栄一の属する藩の代官から呼び出され、突然、御用金の調達を命じられるなど、理不尽な仕打ちを受ける事件が発生した。栄一は、代官の背後には時の幕府が控えているので、実際にお金を巻き上げて庶民を苦しめているのは幕府と感じたのである。この事件を契機に、栄一は尊王攘夷にますますのめり込むようになり、武力を用いる倒幕運動にも積極的にかかわるようになっていった。

説明するまでもないが、アメリカから1853（嘉永6）年にペリー提督の率いる「黒船」が来訪して、鎖国政策を取っていた幕府に日本の開国を迫ってきたのである。国論は開国派と鎖国派（攘夷派）に二分され、激しく闘争を繰り返す時代になっていた。

尊王攘夷派の過激グループに属するようになっていた栄一は、幕末の不穏な時代のなかで暗殺やその取り締まりが多発していた京都や、幕府のある江戸に赴いて、政治活動を続ける身になっていた。

そのようななかで、栄一の身に大きな変化が生じた。

倒幕派に組していた栄一が、幕府の中枢にいた徳川慶喜（当時は一橋慶喜と称した。のちの第15代将軍）の家臣になったのだ。尊王攘夷の過激派であった栄一が、多少は開国論に傾きかけていた慶喜、何よりも幕府体制派の大物の家来になるというのは、とても理解不能な転身だったのである。

このことは、渋沢栄一について書いた幸田露伴（1939）や山本七兵（1987）、そして鹿島（2011）などが大々的に論じた点である。この奇怪で不可思議な転身の原因がどこにあるのか、家臣になった栄一の動機と栄一を採用した慶喜の動機がどこにあるかは歴史家に任せるとしよう。

筆者の解釈は、上昇志向の強かった栄一が武士になれるという魅力に惹かれたのであろう、とするものである。農民育ちの栄一が武家でも上層階級に属する慶喜の家来にはなったものの、最初の頃はそれこそ最低の地位からのスタートであった。しかし、持ち前の才能と努力で家来としての仕事で成果を上げ、周囲に認められるようになっていった。

どのような仕事で成果を上げたかといえば、主に次の二つがあげられる。

第1は、自分が農民の出身であることから、一橋家においても農民出身者に武術を教えて、歩兵を多くつくったこと。

第2に、藩財政の立て直しや、年貢米の売買方法の改善、藩札を発行して一橋家のなかで売買される綿花の取引を円滑にするなど、栄一がのちに実業家として辣腕を振るって大成功する素養を発揮したのである。

換言すれば、藩の財政運営を円滑にするための施策をいろいろと遂行したり、藩の収入を増加させるために商売上の処理を行った。のちに企業経営をする際の手始めを一橋家で実行したのである。これは栄一の持つ能力の開花とみなしてよく、一橋家のなかでも勘定組頭（財政・金融担当、あるいは会計の責任者）にまで昇任した。

そうこうしているうちに、慶喜に大きな変化が生じる。1866（慶応2）年／1867（同3）年に第15代将軍に就任したのである。

これまで一橋家内で出世していた栄一であったが、慶喜の将軍への就任には反対していたので、上司に背く言動をしたことにより、地位が格下げとなってしまった。慶喜あるいは上役の家臣の反感を買ったのであろう。

では、なぜ栄一は慶喜の将軍職受諾に反対したのか。鹿島（2011）に要領のいい解釈が提出されている。それは、幕府は船が沈没するように倒壊の方向にあるところに、たとえ有能な慶喜が将軍というトップの座に就いても、徳川幕府の再建は不可能である。だから、泥船には乗らない方がよい、と栄一は思ったに違いない。むしろ新しい体制なり、政府になってから慶喜はそのトップを目指すべきだ、との思いであった。その体制の一つは、いわゆる公武合体論であった。

この栄一の思いに対して、慶喜はどのようなことを胸のなかで抱いたか、筆者なりの解釈を示せば次のようになろうか。

徳川幕府は確かに瀕死の重症のなかにいるが、自分がトップになって改革（例えば、もともとは攘夷派であったが開国をもっと推し進めて、外国貿易を盛んにすれば立ち直るかもしれない、など）をすれば幕府は生き残れるかもしれない。または、薩長などの倒幕派もフランスなどの支援に頼って幕府が軍事力を強くすれば、打ち負かせると秘かに思っていたのかもしれない。あるいは、最後の将軍になってもよいとの覚悟を既に抱いていたのかもしれない……。結論は歴史家に任せておこう。

むしろ栄一との関係で重要なことは、1867（慶応3）年にフランスで開催されるパリ万国博覧会に幕府の使節団の一員として参加させた点であろう。使節の代表は、慶喜の実弟である昭武（民部公子とも称された）であり、藩内での仕事ぶりが評価されていた栄一は会計係と庶務係の役割を担った。栄一27歳での渡仏であった。

尊王攘夷の強硬派であった栄一が、あたかも開国派になったようにヨーロッパ行きを受諾したことについては、諸説ある。

幕末の国内事情をみれば、さらなる開国の動きは避けられない情勢にあることを栄一は見抜いていたので、意を決して渡仏を受けたのであろう。

ほかの明治時代の多くの偉人が若い頃に欧米に関心を持ち、かつそれらのうちの何人かは幕府派遣、あるいは藩派遣で欧米に見聞に出掛けていた。漢文ないし国文のみを学び、蘭語や英語に接することに乏しく、ましてや仏語などとはまったく縁のなかった栄一の渡仏は、幕府側の珍しい人選と考えてよい。

しかし繰り返すが、会計と庶務の仕事に強い栄一だからこそ白羽の矢が当たり、かつ彼の選択があった。ここで栄一は外国のことを知りたいという希望が急速に沸騰したのである。

筆者の強調したいことは、栄一は運に恵まれた男であるな、という点である。尊王攘夷論者だった人物が、幕臣になるという半分裏切りともとれる行為が、さほどの抵抗も受けずに成功するという運があった。

これは武士ではなく農民の出で、最下位の役からのスタートだったからこそ許された面がある。それ以上の強運は、フランス行きの命令が下ったことである。のちに詳しく紹介するように、栄一は短いフランス滞在ながら、それはそれはいろいろなことを学ぶし、特に経済や企業のあり方を知ることができたのである。この経験が帰国後、栄一の短かった官僚（大蔵省）生活と、一生涯をかけた実業家生活にとって大変有益になった。

フランス行きという幸運を手に入れた栄一であった。人生で成功するには運が必要であるという教訓を栄一の人生は教えている。「人生は運」というのは橘木（2017a）にも詳しい。

フランス滞在記

慶喜の命令で、栄一がパリ万国博の使節団の一員としてフランスに向かったのが、1867（慶応3）年の2月15日のことであった。

フランス船アルフェー号、そして途中でアンペラス号やサイド号に乗り換えて、1か月半の船旅後にマルセイユに到着した。途中に上海や東南アジア、建設中のスエズ運河の横にある鉄道などを見聞し、最後は地中海でも船旅であった。

のちに『青淵回顧録』などでも船旅中のことが書かれているが、いろいろなことにうまく対応する栄一の順応性の高さ（悪くいえば変わり身の早さ）に気がつくだろう。

いままで、守旧派の尊王攘夷派のなかでもどちらかといえば武闘派に属していたし、一部の開明派のように洋学に接することもなかったので、船旅中あるいは現地のフランスで接することは、すべてが目新しいものに違いなかった。だが、別に違和感もなく素直に対応していたことがわかる。

ここに栄一の順応性の高い性格が理解できる。例えば、西洋料理も自然に受け入れたし、西洋の文化や風習に多少の驚きはあったろうが、優れた点は積極的に学ぶ姿勢でいた。それらは栄一の帰国後に大いに役立った。

ただしフランス語については注釈が必要である。一部の開明派のようにオランダ語、英語の素養はなかったろうし、フランス語についてはほとんど縁がなかったと思われる。栄一のフランス滞在は1年半にすぎなかったので、日常会話や易しい文章は読めたであろうが、フランス語をマスターしたとは言い難く、知識の吸収は通訳を通じてか、当地にいるフランスを熟知した邦人から学んだものと想像できる。

私的なことを申して失礼するが、筆者はアメリカ、フランスに滞在経験を持つ身である。渡米前はなんと英語を日本で10年以上も学んでいながら、1年すぎてやっとなんとかアメリカ人と話せるなと感じた。フランスに渡る前のフランス語学習の経験は英語よりはるかに少なかったが、2年ほど経過してからようやくフランス人とうまく話せるようになった。栄一の優秀さと筆者のそれは雲泥の差なので、栄一のフランス語のマスターはもっと早かっただろう、という意見はありえようが。


栄一は、第一の任務であった会計係、庶務係の仕事をそつなくこなした。さらに使節団の代表である昭武の留学の補助として、フランスの政治、経済、文化を吸収することに努めた。具体的には、当時の皇帝ナポレオン三世の治下における、フランス政治なり産業の現状を把握することに熱心だったのである。

特に重要なのは、ナポレオン三世の統治を可能にした産業の振興策、あるいは人民をうまく統率する術《すべ》などを積極的に学んだことだろう。

そこで栄一は、日本では空想社会主義者の一人として知られたサン＝シモンの思想や主義、あるいは経済学者のミシェル・シュバリエの産業政策に触れたのであった。さらに銀行家であったフリュリ＝エラールとの接触によって、銀行組織のあり方とそれを通じた産業、鉄道の振興を学んだのである。

前者のサン＝シモンやシュバリエについては筆者の専門を活かしてのちに詳しく論じるが、エラールについては鹿島（2011）がその子孫まで辿って丁寧な考察をしているので、それに譲る。

アンリ・ド・サン＝シモン（1760-1825）は複雑怪奇な人物で、社会主義者のような顔をした資本主義者でもあり、人生の後半では宗教家の色彩をも有していた。栄一が訪仏した40年ほど前にすでに亡くなっていたが、後継者がサン＝シモン主義を標榜しており、ナポレオン三世もそれを支持していた。後継者は二つの派閥に分裂し、アンファンタン派とシュバリエとペレール兄弟派に分かれたが、後者がナポレオン三世時代に優勢となり、パリ万国博をはじめフランスの産業化にアイデアを提供するようになったのである。

フランスの産業化は、株式会社、銀行、鉄道という三制度の発展・振興によって達成されつつあったのであり、栄一もそれを実感していた。この折の経験は、のちに日本における実業界での活動の指針になるのであった。

静岡での生活と大蔵省の役人として

栄一がフランス滞在中に、時代は徳川幕府から明治新政府に代わった。慶喜は静岡で藩主として隠遁し、昭武（民部公子）は水戸の藩主として日本に戻ることになった。栄一は1年半の在仏を終えて日本に帰国した。

昭武はフランスに残って留学生活を続けたかったし、栄一も民部公子のお供として、もう少しフランスに滞在して見聞を拡げたかったろう。しかし、資金不足がそれを許さなかった。

帰国後の栄一には二つの可能性が与えられた。一つは水戸藩で民部の部下として働くこと、もう一つは静岡の慶喜のもとで勘定頭として働くことであった。だが栄一は、この二つとも断り、静岡で実業家として独り立ちする決意をしたのである。

旧幕府の要人からのオファーを断った理由には、明治新政府が廃藩置県を実行しそうだったので、藩に仕えても将来性はないだろうという栄一の的を射た予想があった。

大恩ある徳川幕府の元将軍からのオファーを断るとは恩知らずだと思われるかもしれないが、フランスでさまざまな経験をした栄一は、恩義に忠実であるよりは、もっと合理的な判断をする人間に変化していた、と解釈しておこう。

忠義より大切な理由として、実業界で生きることに魅力を感じ始めていたので、官仕えになるよりも自分で会社を興して経営者の道を歩もうと思っていたのである。

日本最初の株式会社を栄一が静岡で設立したとの説もなくはないが、幕末や明治時代に入ってすぐの頃、商法会所と呼ばれた株式会社に似た企業（金融）は設立されていたので、必ずしも栄一の静岡での商法会所が、日本で最初の企業（金融）であるとは断定しないでおこう。渋沢は自分の企業（金融）を合本組織と呼んでいた。

資金は民間からの資本調達と静岡藩の融資を受けた。それは政府の新紙幣である太政官札を通して収集された。これらを現代でいう株式会社の資本として用いたのである。

事業は繁栄に向かっていたが、1869（明治2）年に栄一に新しい仕事のオファーが届いた。パリ滞在後に静岡で新しい事業を興して成功しつつあった栄一の実力を評価して、新政府の大蔵省の幹部としてこないかという誘いであった。

名目上の大蔵大臣（大蔵卿）はいたが、実質的な大蔵大臣（当時は大蔵大輔《おおくらたいふ》）であり、のちに明治政府の重臣になる大隈重信（次官は伊藤博文）からの誘いであった。

栄一は受けるつもりはなかったが、大隈による巧妙な口説きによって陥落したのである。大隈の殺し文句は、大蔵省にいると法律、金融、財政、租税、貨幣、地租、債券など、あらゆる財政・金融制度を学べるので、のちに栄一が会社経営にあたるときに、その知識は大いに役立つのではないか、というものであった。この顚末は鹿島（2011）に詳しい。

しかし当時、これらの制度はまだ出来上がっておらず、この時期に大隈、伊藤などは渋沢の助けを得て、新しい金融、財政などの諸制度をつくろうとしていたのである。制度を自分でつくりながら諸制度の骨格を知ることができるぞ、という暗黙の誘惑であったと理解するのも一つの解釈であろう。

大蔵省からの誘いを受けて、1869（明治2）年の末に静岡を離れ、結局は新しい職場である大蔵省に移ることになった。静岡滞在は1年半ほどにすぎなかった。栄一は大蔵省内で「改正掛（局のこと）」に配置され、日本の財政・金融のみならず、あらゆる制度の創造ないし改革を担当する部署で働くことになった。もともとの生まれ育ちは農民であり、必ずしも身分の高い出身ではない成りあがりの下級武士にすぎない栄一に対して、大隈と伊藤は栄一の才能を見込んで、権限を与え大きな仕事をさせたのである。

渋沢栄一らが政府の中枢部にいてやらねばならなかった仕事とは、

（1）租税制度の確立
（2）金融制度の創設
（3）鉄道網の整備

の三つであった。これらの仕事を、栄一たちの大蔵省はどのような方針のもとで実行に移したかは、別の章で詳しく検討する。

国家的な課題を背負った大蔵省内では、大隈、伊藤、渋沢の布陣に人事異動があった。大臣格の大隈は国家最高の決定機関である参議に転出したし、伊藤はアメリカ金融制度の視察や岩倉使節団として欧米に行ったりして留守が多かった。

そして、１８７１（明治４）年の７月には、栄一はいまでいう大蔵次官（太蔵大丞）に31歳の若さで昇格していた。翌年の４月には名目上の大蔵大臣（大蔵卿）に大久保利通、実質的な大蔵大臣（大蔵大輔）には井上馨が既に着任していた。

この新布陣のなかで栄一は、井上と波長が合ったが、大久保とはことごとく意見の対立が起こったという。

例えば、国立銀行条例の制定や、政府における予算の決定（徴税や支出、それに貨幣の発行）などで、井上・渋沢組の意見は大久保のそれと対立することになった。これらの諸政策の詳しいことは別の章で論じるとして、井上は自己の主張が通らないことを不服に1873（明治6）年の5月に、大蔵省を辞職してしまう。渋沢栄一もそれに殉じて大蔵省を去ったのである。

大蔵省を辞職したあとに、二人が歩んだ道はまったく異なるものであった。井上はしばらく民間企業の経営に従事したが、伊藤博文内閣ができると外務大臣、そして内務大臣や大蔵大臣を経験したことから、政府の中枢幹部に戻って日本政治の真中に入ったのである。

その後、1901（明治34）年には内閣総理大臣の声まであったが、渋沢栄一を大蔵大臣にしたいとオファーを出したが断られ、結局、内閣を組織できなかった。首相にならなかった（あるいはなれなかった）明治・大正時代の大物政治家であった。

一方の渋沢栄一は、大蔵省を辞職したのが33歳のことであるから、91歳で生涯を閉じるまでのおよそ60年弱を民間人として生きたのである。

民間経済人になる

民間経済人としての60年、まさに栄一が大活躍したのがこの時期であった。その功績により、のちに近代日本における「資本主義の父」と称されることになる。

具体的にどのような仕事をしたのか、そして、それらの評価については次章以降で詳しく論じる。ここではそれらの諸活動を、非常に大まかに抽出して、箇条書き程度にまとめて、まずは何をしたかを簡単に知っておこう。

（1）銀行の経営
第一国立銀行の総監役に就任し、銀行経営に乗り出した。その後、すぐに頭取となり、その仕事を長い間続けることになるので、栄一の実業家としての役割は金融業が第一であった。他にも金融機関に関与したので、彼の金融資本主義への信念、すなわち金融業が資本主義経済の柱にある、との実践でもあった。

（2）非金融業の経営
金融業のみならず、栄一はあらゆる製造業、鉄道・船舶業といった運輸業、電気・ガス・水道などのインフラ、サービス業（貿易、倉庫、ホテル）、土木、建築、農水産業などあらゆる産業にわたる株式会社の設立発起人、経営者として従事した。

これらすべての企業を詳しく検討するのは不可能なので、代表的にどのような仕事をしたのかを探求する。

（3）経済団体役職

諸企業の経営者が集まって企業側の立場からの発言、あるいは仲介、そして友好活動を行う経済団体（例えば東京商工会議所）をつくったり、その役員になったりした。いわゆる財界活動の元締めの役割を果たしたので、それについて言及する。ついでに諸民間事業を行う団体の役職の仕事にもふれる。特に重要な活動は、労働者との関係をどうするかを巡っての経営者の立場である。さらに協調会での活動には注意を払う。

（4）植民地での活躍

財界人として、朝鮮での経済活動を行った。日本帝国主義の手先、あるいは植民地主義者という声もなくはない。これに関しては筆者なりの解釈を含めてのちに検討する。

（5）社会福祉活動

貧困者を支援する福祉事業組織、東京養育院に栄一が長い期間にわたって関与したのは有名である。1874（明治7）年に事務長になり、1876（明治9）年には院長となった。亡くなるまでの長い間、院長職にあった。

財界のトップにいた栄一が、同時に福祉事業に携わっていたので、栄一は弱者の味方であった経営者との見方が強い。実際にはどうであったか、私見を込めて議論してみたい。

（6）公務への関与

公部門で働いたのは、ほんの数年間の大蔵省勤務にすぎず、栄一のほとんどの人生は民間経済人であった。だが、政府の内政や外交に関しては、種々の助言活動を行った。さらに、政府が外国に派遣する使節団の団長なども務めた。また政府の政策立案にある程度関与したりして、その役割を果たした。

まとめると栄一が政府の内政・外交活動にどの程度寄与し、それが有効であったかそうでなかったかの評価を筆者がする。

日本が軍事国家化しつつあり、かつ植民地政策を行っていた時期に栄一は財界総理だった。この社会の動向に際して、栄一の行動・発言を吟味して、どういった評価を下せるかも関心の一つである。

(7) 教育界への貢献

栄一は学校創設とその経営にかなりコミットした。代表的なのは1875（明治8）年に商法講習所（のちの東京高商、東京商大、一橋大）の設立であった。

のちに文部大臣になる森有礼が商法講習所開校の主導者であり、栄一はその支援者であった。のちに同校が大学に昇格するに際しては、積極的に政府に働きかけた。日本において商業、金融、会計、労務などの業務に就くことのできる人物の養成が必要と考えての行動であった。

もう一つは女子教育である。1888（明治21）年に東京女学館、1901（明治34）年には日本女子大学校の設立に関与した。栄一の女子教育観は良妻賢母論の枠内にあったので、現代からすれば旧態依然としたものであり、その限界についても言及したい。

第1章　大きな影響をもたらした「大蔵省」時代

約4年の間、栄一が大蔵省でどのような仕事をしたかは序章で簡潔に述べたが、この章では、関わったおもな仕事を抽出して、かなり詳しくその仕事の内容と意義を考える。特に栄一が大蔵省を辞してから民間で働くときに、この経験が役立った点と、役立たなかった点にも焦点を合わせてみたい。

「官」の持つ絶大な権力を知る

栄一がフランスで学んだことは、銀行が融資機関として民間企業に資金の貸し付けを行ったり、あるいはその株を保有したりして、企業が事業を実践するための資金提供者になるという重要性であった。

栄一は、フランスでフリュリ＝エラール銀行を通じて銀行実務を学び、同じフランスの大銀行であったクレディ・モビリエやソシエテ・ジェネラルの経営方針も見聞していたのである。これは彼自身が銀行をどのように経営したかを知る上で有用であり、大蔵省に入省する前に、すでに銀行業務に関して多少の見識を持っていたのであった。

明治新政府内では、日本の銀行制度や貨幣制度ないし金融制度をどうすればよいかが、1869（明治2）年から1870（同3）年頃にかけての政策上の重要な課題であった。

新政府は、伊藤博文を団長にして1870（明治3）年にアメリカに視察団を送り、アメリカの銀行制度の調査に向かわせたのである。伊藤は若い頃にイギリスに留学していたし、のちにドイツに行って憲法を学んで明治憲法の柱にした。ドイツ流の国家観に親近感を覚えており、どちらかといえばヨーロッパに目の向いた人物であった。だが、銀行や金融制度に関しては、なぜアメリカを調査対象にしたかはそれほど明確ではない。

これについて、鹿島（2011）は、伊藤が福地源一郎（福沢諭吉に並ぶ幕末・明治時代の開明主義者で西洋の事情に精通していた人物）などによるアメリカの金融事情の紹介文を読んでおり、これから発展しようとする日本にとっては後発の発展国であるアメリカがもっともふさわしいと考えた、との解釈である。

伊藤はアメリカの調査を終えて帰国後に、アメリカのナショナル・バンク方式を日本は導入すべしと主張した。これに対して、政権の中枢にいた大隈重信、井上馨、それに渋沢栄一などはイギリス・フランス流のゴールド・バンク方式を主張したのである。

井上はイギリス、渋沢はフランス滞在の経験がある。もっとも伊藤もヨーロッパ志向なので、単純にヨーロッパ対アメリカという区分には多少の無理がある。

ここで単純に区分すれば、ゴールド・バンク方式とは金兌換制度に基礎をおく金本位制に近く、ナショナル・バンク方式とは金兌換制度を期待しない非金本位制度に近い、と理解してよい。紙幣は希望すればいつでも正金《しょうきん》に引き換えができるか、できないかの違いといってもよいだろう。

ここで金本位制と述べたが、明治時代の初期は金が正貨であるというよりも、銀が正貨の銀本位制であったといった方が正しい。

結局、どういう結論に至ったのか――。ゴールド・バンク方式とナショナル・バンク方式のどちらにするのか、政府内では決着がつかず、両者の間をとる方式となった。

このあたりの「足して二で割る」という日本式の決着というのが、初期の明治政府の産物であった。すなわち、銀行の資本金のうち、6割は銀行券を発行できるが、残り4割は金（ゴールド）を兌換準備金として用意する必要があった。さらに銀行券の発行のうち、なんと3分の2の正金が「国立銀行条例」で認められたのである。国立と称されていたが、実態は国の法律に従う私立の銀行のことである。さらに極論すれば、正金準備高がかなり多額なので、ゴールド・バンク（金券銀行）の設立が初めて認められたと解釈した方がよいだろう。

もう一つ銀行に関しては、当時の大蔵省は「国立銀行条例」を公布して、民間銀行の誕生・育成を後押しするが、栄一はその経過を大蔵省在職中に知るにつけ、当局あるいは大蔵省は強い権限を持っているなということを実感したことを付け加えておきたい。

これはとても重要なことで、のちに民間銀行の経営にあたる栄一に、自分の思い通りに経営できるのではなく、監督官庁であり、絶大な権力を持つ大蔵省の意向を無視できないと知らしめる十分な経験であった。実は、このことが栄一の大蔵省での経験による成果であると筆者は判断している。

1871(明治4)年、最初の民間銀行の設立をもくろんでいた三井家の大番頭であった三野村利左衛門は、三井組のバンク(銀行という日本語はまだなかった)をつくろうと大蔵省に願いを出したのである。

民間銀行の育成を推進していた井上・渋沢は、この三井組の要請を受け入れた。しかし翌年になって三井組単独ではなく、小野組と共同で三井・小野両組による銀行にしたらどうかとの提案が大蔵省からなされたのである。

大蔵省が銀行の設立認可権を持っていたという証拠になる出来事である。ここに渋沢がからんでいた。将来的には自分も民間銀行をつくりたいという希望を持っていたので、先走った三井組の単独での銀行設立構想に渋沢自らが「待った」を掛けた、という解釈の説もなきにしもあらずである。しかし、その説よりも、三井組は大蔵省の権限の強さに怖れを抱いて、三井・小野共同銀行の設立に同意したと解釈しておこう。

ここでの栄一への教訓は、繰り返しになるが、「官」は強大な権限を持っているとの認識を得ることになった点にある。のちに第一国立銀行の創設と経営にあたる栄一は、官を無視してはビジネスはできないとの実感を抱いたのである。

この「官」の権限の強さは、なんと第二次世界大戦を経てその後も40年間ほど続くことになる。特に、大蔵省は金融業に対して規制の強い当局として長い間その権限が続いた。銀行をはじめ保険会社、証券会社などの設立認可権は大蔵省が一手に握っていたし、経営に関しても常に大蔵省の監視・指導のもとに行われた。

例えば、長期信用銀行と短期信用銀行の長短分離、支店の開設・閉鎖、金利水準の指導、債券の発行・流通の条件など、ほとんどの金融行政が大蔵省の監督・規制のもとでなされたのである。

金融機関は「MOF担（対大蔵省折衝担当者）」という幹部候補生の役職まで設けて、常に大蔵省の顔色をうかがい、トップの経営陣も大蔵省の意向に逆らうことはなかった。金融行政に対する大蔵省の絶対的な優位は、明治時代の初期から199

0年代まで続いた。一時期、大蔵省を中心とした日本の金融業界のあり方に対して護送船団方式という言葉が使われたが、これは大蔵省の庇護のもとに大小の金融機関が倒産することなく経営を行えるようにしたという意味である。

さすがに、近年になって規制緩和の要求は強くなり、表面的には金融庁が大蔵省（現・財務省）から分離・独立したので、かつてのような権限の強さはなくなっている。さらに金融の分野における規制緩和は進んでいる。

日本で初めて公債を発行する

1871（明治4）年に明治新政府は、廃藩置県という革命に等しいほどのインパクトのある改革を行った。

旧江戸幕府の支配層として君臨した藩制度をやめて、藩主は華族に列した上で、東京移住を命じたのである。このような、新しい制度にするというのであるから、大きな衝撃が走ったのは当然であった。廃藩置県が実際にどのように行われて、どのような影響があったかは歴史家による分析が多くあるので、これらについては言及しない。

ここでは、筆者が経済学の専攻者であることと、本書の主人公である渋沢が大蔵省で働いていたことから、財政の側面から廃藩置県を追求してみたい。2019年5月7日のNHKのEテレ（教育テレビ）「先人たちの底力 知恵泉《ちえいず》」で放映された内容に、ここでは主として依拠する。

明治維新の前後に起きた戊辰戦争（新政府軍と旧幕府勢力による戦い）の後遺症は、明治新政府のみならず、諸藩においても深刻であった。

特に軍人・武士の俸給、軍装備などいろいろな支出が巨額になり、新政府や各藩の収支は大赤字であった。例えば、新政府であれば借金が8000万円（現在の価値で約1兆6000億円）にも達しており、まさに巨額であった。

これにもう一つの借金が存在していた。明治新政府は廃藩置県を実行するに際して、廃藩になる各藩の借金を肩代わりするという妙案を出していた。これは各藩の新施策に対する抵抗をできるだけ抑制したいという新政府の思惑があった。さらに、小藩のなかでも赤字が深刻な藩は、自分たちで財政再建するよりは新政府が借金を肩代わりしてくれるなら、廃藩置県を素直に受け入れるだろうと新政府は考えたのである。

廃藩置県という大改革は、戊辰戦争あるいは新政府のなかで中心的な役割を果たした薩摩、長州、土佐藩出身の人物で計画が立てられた。特に重要な人物は、予測不可能な事件が起きたときに政府、軍を統率して治安の維持にあたった西郷隆盛、当時、大蔵大輔（実質的な大蔵大臣）だった井上馨、そして井上の直接の部下だった渋沢栄一の三名であった。

ここで特筆すべきは栄一である。農民の出で、しかも旧幕府の徳川慶喜に仕えたことのある栄一が、いまや新政府の重要な政策を担う三名のなかの一人だったということである。フランスに滞在して、サン＝シモン主義による金融・財政のことを学んできた栄一には、計画を実行するための具体策を作成する任務が与えられたのである。

現に、井上馨は具体策に関しては栄一に頼りきっていたとされている。井上の伝記のなかには、栄一がいなかったら廃藩置県は成し遂げられなかったかもしれないとあり、彼の仕事振りを賞賛している。渋沢栄一の手による功績とみなしてよいだろう。

では、栄一の具体策とはどのようなものであったのだろうか。

それは、新政府が大量の借金を抱えながらも、各藩の借金を肩代わりするに際して、借金返済の優先順位をつけるところから始めたことだろう。すなわち、貸し手が外国政府ないし外国人であるなら、それへの返済を最優先にする。鎖国をやめて開国したのであるから、諸外国との信頼関係を最重要と考えたのである。

そして、商人や金融業者からの借金返済を第2順位とした。さらに、いつ借金したかに注目した。古い借金は返済せずに棒引きし、新しい借金のみ返すという、基準分けを行ったのである。なぜそうしたかは、商人や金融業者からの古い借金は金利が高かったので、暴利をそれらの業者が既にむさぼっていたことに対する、半分は懲罰と考えてよい。

現代であれば、このような借金の棒引きを国家ができる訳はないが、明治政府は強権を発動できたのである。特に、大蔵省は省庁のなかでも絶大な権力があったので、このような措置がとれたのである。まだ法律や条例も完全に整備されていない時代における権力によるものと理解しておこう。

経済学専攻の筆者から、これに関して一つの案のあることを記述しておこう。政府は借金を合理的に棒引きできる手段を持っている。それは「シニョリッジ（seigniorage）」と呼ばれる方策で、貨幣を巨額に発行して意図的に高い率のインフレーションを発生させて、政府の借金残高の実質価値を下落させるのである。そうすると借金の実質的な返済額が少なくて済むのである。

中世ヨーロッパの封建領主が貨幣発行を行って（時には偽造貨幣もあった）、インフレーションを発生させ、結果として政府赤字の実質的な価値を下落させたシニョリッジは、かなりの国で採用されたのである。

明治新政府の時代、まだ中央銀行は設立されていなかったので、中央銀行券など存在せず、藩などが出す藩札とか維新政府の発行した太政官札しかなく、シニョリッジの策を適用する案は考えられなかった。「国立銀行条例」によって、国立銀行の設立が企画されていたが、それの発行する銀行券にもシニョリッジを期待するのは時期尚早であった。

ただし日本においても、第二次世界大戦後の反意図的な高いインフレーションによって、国家の持っていた負債や国民の払った年金や医療といった社会保険料の実質価値をほとんどゼロにしてしまったので、シニョリッジに似た経験を日本も70年ほど前にしていることを付記しておこう。

実は、この策は戦後の南米諸国においても実行された。巨額の財政赤字に悩んだいくつかの国は、意図的に大量の貨幣を発行して高インフレを発生させ、政府の実質的な財政赤字額を帳消しにしたのであった。

栄一による借金返済策の話題に戻そう。借金返済の方法としてある程度の借金の棒引きという強攻策に出たが、残りの約７０００億円（現在価値評価）の返済策について、栄一のフランス滞在経験が大いに役立ったのである。

それはすでに述べてきたが、フリュリ＝エラール銀行の薫陶《くんとう》のもとにいたので、新政府には資金がないことから公債発行による返済を思いついたのである。具体的には、幕府あるいは明治維新直後の借金証文を公債証書に引き換えて、借金の返済に充てるという案であった。

フランスにおいては、公債の発行はすでになされていた時代だったので、栄一のフランス滞在による経験が、この案を導入させたと考えてよい。25年払いと50年払いの二種類の償還期限付きで利子付きの公債を発行し、公債証書の自由売買を認めたのである。

国債が市場に流通するという新しい資本・金融市場の幕開けを意味していた。これは、画期的な出来事だったのである。

均衡財政を堅持する

大蔵省の在職中に、栄一は国立銀行条例や公債発行という将来の日本の財政・金融制度の基礎をつくった。詳しくは述べないが、他にも重要な仕事をしている。それは税金の徴収方法を米から金にしたことであった。この策は、江戸時代までは米の納付に頼っていたので、そう簡単には進まなかったのは当然であった。

それよりも本書が強調したいのは、政府の台所を預かる大蔵省としては、財政支出を過大にする策を排して、できるだけ均衡財政を保持することが大切である、と栄一が考えていた点にある。この精神は、のちに栄一が民間企業で経営者として大きな仕事をするとき、支出を過大に増やさずに収入も十分に確保する策が、経営の根幹にあるという主義を貫こうとした方針の前兆であった。

ただし、フランスで鉄道網の重要性を学んでいたので、日本においても大蔵省が鉄道業に対して支出する案だけは、かなり寛容に認めていたのである。とはいえ、日本が軍国主義の道を歩んでいた時代に日本の財界指導者になっていた栄一は、政府が軍事支出を大幅に増大する策に賛成しなかった。その事情の一つが、この均衡財政の精神の発露と理解してよい。これについては、のちの章で詳しく言及する。

均衡財政論者に関して、鹿島（2011）は渋沢栄一が明治三傑の一人である大久保利通を嫌っていたと述べているが、これも均衡財政論の信念からである。

栄一が大蔵省在職中に大久保が大蔵大臣となり、上司と部下の関係になった。富国強兵と殖産興業策を主張する大久保は、軍事費の支出増加策を打ち出したのに対して、栄一は大久保に向かって反対意見を述べるのであった。しかも大久保の対応が高圧的だったので、栄一は彼とそりが合わないと感じたのである。

私的なことを述べて恐縮であるが、筆者の両親は鹿児島育ちなので、西郷隆盛と大久保利通のことはよく耳にしていた。当地では、大久保よりも西郷の方が大人気である。なぜかといえば、大久保は冷徹な合理主義者であるのに対して、西郷は人情味のあふれた好人物で評価が高かったからである。

日本のためにどちらが良い仕事をしたかと評すれば、個人的には大久保に軍配を上げるが、栄一は大久保の問答無用の官僚的な態度を好まなかったのである。徹底した官嫌いであった栄一は、しばらくしてから井上馨に殉じて大蔵省を辞するが、大久保の存在も理由の一つかもしれない。

複式簿記の導入を推し進める

渋沢栄一の仕事としてもっとも重要だったものは、資本主義制度の基本である株式会社（栄一自身は合本主義ないし立会結社と称していた）を導入した点にあった。これの詳しい説明は第3章に譲るとして、また、会計報告の方式を複式簿記（当時は西洋簿記とも称される。取引にかかわる日付や勘定科目、金額などを貸方と借方に分けて記す方法）にすることを積極的に推し進めた。

１８７３（明治6）年に、福沢諭吉は『帳合之法』を出版していて、複式簿記の有用性を説いていた。しかし福沢は、学者・啓蒙人としての役割に徹していて、自分で会社の経営などにあたることはほとんどなかったが、実業家を目指す栄一はこの複式簿記の有用性に気づいていて、大蔵省での会計実務でもそれを実行しようとしていたのである。

会計事務を従来の大福帳方式（江戸時代に商家で使われていた金銭出納帳で、取引の順に記すことが多かった）から複式簿記に変更すべく、栄一は大蔵省内で若手を煽動した。ここで大蔵省の事務員たちは、変更による業務が過重になることへの不満を述べていたが、それを支援したのが出納頭（いまの主計局長）の得納《とくのう》良介であった。複式簿記を推し進めた栄一は、紙幣頭（いまの国立印刷局理事長）だった。

ここからは「朝日新聞」の2019年5月23日の記事「経済気象台」によるが、二人は導入の是非を巡って口論となり、興奮した得納が栄一に暴力をふるおうとしたので、得納は大蔵省を追われたのであった。結局、栄一の案が認められ、複式簿記は官界のみならず民間企業でも導入されるようになった。

大蔵省を離れた得納ではあったが、栄一が去ったのち、高い能力を惜しまれて再び大蔵省に戻って紙幣局長、印刷局長などを歴任した。そして、1877（明治10）年に国家紙幣の第1号たる1円紙幣を国立銀行券として印刷・発行する。第一国立銀行の頭取になっていた栄一の銀行による発行なので縁がある。

もう一つの縁は、第3章で述べるように第一国立銀行が経営不振に陥った時に、栄一自身が大蔵省に頭を下げて支援を求めてきたことがあった。そのときに対応したのが大蔵省の幹部だった得納であり、彼は遺恨をまったくみせずに収拾に尽力したとされる。

ついでながら、得納が管理した紙幣の印刷工場は、複式簿記の模範工場として有名になったのであった。

大蔵省で学んだ良きこと悪しきこととは

栄一は、わずか4年弱の大蔵省在籍ではあったが、さまざまなことを学んだ。短い期間にもかかわらず、各種の異なった業務を担当したので幅広いことを経験できた。しかも幹部としての仕事だったので、彼の指導力を十分に発揮できたのである。

それらのうち、栄一が学んでよかったことのいくつかを多少繰り返しになるが、ここで簡単に復習しておこう。

第1は、大蔵省が民間銀行を設立するための認可権を持っていたので、どういう条件を満たせば大蔵省の認可が受けられるかを、身を以て体験できたことにある。

栄一がのちに第一国立銀行の設立に走る際に役立ったことは間違いない。しかも金融監督権を有する大蔵省の人々の行動様式も学んでいたので、民間銀行の経営者になったときにどのように大蔵省と交渉し、どう大蔵省の人々と付き合えばよいかも熟知していた。いわば「官」は絶大な権限を持っていることをよく認識できたし、それにどう対応したらよいかを学んだのである。

第2に、明治時代は各銀行が独自の銀行券を発行できた。それを兌換券にするのかどうか、あるいは金本位制がよいのかどうかを政策担当者として学べたので、のちに民間銀行の経営者になったときに、自行の銀行券の発行をどうすればよいかを学べた。

さらに、日本が金・銀本位制から金本位制に代わる問題が起きたときに、栄一自身の意見を持つのに役立ったと思われる。

第3に、明治時代の初期は、日本の財政は大幅な赤字に苦悩していた。すなわち赤字を削減する策をいろいろと経験することができた。栄一はフランスにおける公債発行策を知っていたので、この策を日本でも導入した。

もっと大切なことは、財政支出を増大させない均衡財政が重要であると体感したことにあった。国家における均衡財政の重要性を知る経験が、民間企業の経営においてもできるだけ収支を均衡させる策が重要である、と栄一に認識させたのである。

これが、のちに財界の実力者となった栄一が、軍事国家になろうとしている日本に対して、過大な軍事支出の増加は好ましくないと主張するようになる、一つの契機になるのであった。

では、学ばなければよかったことは何であろうか。これは学んだことにも通じることである。

第1は、「官」が強くなり過ぎるとよくない、という信念を栄一に植えつけることになった。「官」の経営には無駄がある、ということを認識したのである。民間の発想に基づいて市場経済を活用することが、経済の活性化と繁栄に貢献し、「官」が規制を強めると民間経済は活力を失うようになると栄一は信じるようになっていた。だが、実際の日本経済における「官」の強さは保持されたので、実現には第二次世界大戦の数十年後まで待たねばならなかった。

第2に、政府のなかでも大蔵省が飛び抜けて権限を持っていることに気がつき、他の官庁が大蔵省にへつらっている姿を悪だと思ったことである。「お金」を持っている省の強みからこのようになるのであろうが、他の省庁がよかれと思って提案した政策が、大蔵省によって拒絶されることをみていた。

例えば、鉄道建設は国の経済発展にとって大切なことであるが、予算不足でそれらが実行されないことがあった。それなら私鉄でやればよい、と栄一が思うのは当然であったが、のちに示すように、私鉄の国有化がなされるような時代となり、既に民間人になっていた栄一は不本意ながらそれを認めざるを得なかった。

これは国営鉄道の生産性が低いという事実とも関係しており、のちに詳しく述べる点である。

第2章　フランス滞在で学んだこと

徳川幕府が、パリ万国博（1867年4月1日〜11月3日）に団長を徳川昭武（民部公子）として使節団を送ったのは、日本品の出展を行うためでもあった。そのときの随行員の一人として渋沢栄一がいた。

時代の順序として、栄一のパリ行きは静岡での生活の前のことであるが、パリでの経験がその後の彼の思考に大きな影響を与えたので、独立の章として、ここで詳しく論じるものである。特に彼が大蔵省を辞してから、日本で銀行業などのビジネスに従事するに際して、フランスで学んだことが大いに役立った。そのため、日本で経営者になったことを述べる章の直前に、このフランスでの経験を記した。

2回にわたるパリ万国博覧会

パリ万国博がどのようなものであったかを簡単に知っておこう。これに関しては鹿島（1992）が有用である。ここでは、このパリ万国博の行事そのものと、その実態だけを述べることにする。

実は、それに先立つ1855年に第1回のパリ万博が開催されていた。その開催は皇帝ナポレオン三世の治下、サン＝シモン主義者である経済学者のミシェル・シュバリエとフレデリック・ル・プレーの助言によって進められたのである。このサン＝シモン、シュバリエ、ル・プレーの三人については、経済学専攻である筆者にとってはとてもよく知る人物なので、のちにかなり詳しく紹介と検討を行いたいと思う。

一言だけ述べておくと、1851年にイギリスのロンドンで既に万国博が開催されていて、工業発展の成果が展示されており、シュバリエはそれを見て、イギリスに対抗心を抱いたのである。

よく知られているように、イギリスはフランスよりも先に産業革命を経験しており、イギリスと比較して、フランスの産業化の遅れは明らかであった。シュバリエ、ナポレオン三世はなんとかイギリスに追いつきたいという希望を持っていて、フランスの発展を万国博によって世界の人々に知らしめたかったのである。

第1回のパリ万国博の趣旨は次の六つに凝縮されているのではないだろうか。

第1に、国民に産業化の象徴である各種の機械、生活用品などを展示して、産業社会の素晴しさをわかってもらう。

第2に、展示品のうち優れた商品には褒賞を与えて、そういう品を製作した業者を褒めることで、競争の大切さを知ってもらう。

第3に、世界各国からの商品と原材料を展示するため、自由貿易の良さを知ってもらう。

第4に、産業化のためには学問・科学の重要性を認識してもらう必要がある。そのために、世界の学問・技術をフランス国民に紹介する。

第5に、産業を発展させるためには労使が対立するよりも協調が必要である。これはのちに示す空想社会主義の影響もある。

第6に、産業を成長させるには、それを遂行する労働者、国民の教育水準を上げねばならない、ということをわかってもらいたい。

第2回のパリ万国博では、第1回での趣旨に加えて次のような特色が加わった。

第1に、フランスだけでなく、世界各国からの出展を促して、国際色豊かな点を強調した。日本（徳川幕府）も招待されたし、実は薩摩藩なども独自に出展したのである。日本のみならず他の外国も同様に出展させて、民族色を豊かに出そうとした。背後には、帝国主義のもとにあって、軍事力を用いて植民地を多く持つフランスの誇示という目的もあった。

第2に、産業化が成功すると人間はいかに効率的にかつ楽しく生活が送れるかを示すために、万国博に来た人が機械の実演に参加できるようにした。そして衣料、食料、食器、照明、暖房、絵画、建物などの展示を行って、技術のみならず文化に強いフランスを誇示しようとした。

第3に、大庭園を設けたり、レストランや劇場などを用意した。さらに各国別のパビリオンを準備して、人々が博覧会に来て楽しめるように工夫した。

これらを知ることによって、現代の万国博がこのスタイルを採用していることに気がつくのである。

以上、2回にわたるパリ万国博の特色を述べたが、これらを導いた発想はナポレオン三世、特にそのブレインであったル・プレーやシュバリエの経済思想があるので、それを次に述べたい。

空想的社会主義者アンリ・ド・サン＝シモン

ここに登場するサン＝シモン（1760－1825）、フランソワ・ケネー、ミシェル・シュバリエなどを含めて、近世から現代までのフランス経済学史については橘木（2021）がある。詳しいことを知りたい人は、その書を参照されたい。

ル・プレーやミシェル・シュバリエは、サン＝シモン主義者と称されるほどサン＝シモンの影響を受けたので、まずはこの人物について知っておく必要がある。

実は、サン＝シモンは空想的社会主義者（ロバート・オウエン、シャルル・フーリエなどのグループ）の一人として有名である。空想的社会主義とは、科学的社会主義者は自分達であると宣言したマルクス経済学者（マルクスとエンゲルス（特にエンゲルスが命名した））による呼称である。

科学的とは、資本主義の解明に際して経済学の論理に基づいて理論を打ち出すことを意味している。一方、空想的とは、科学的に演繹《えんえき》されてから出てきた理論ではなく、理想に燃えて単に望ましい社会のあり方を示しただけで、あくまでも具体的な政策に欠ける仮説に過ぎないと説いた。

特に、マルクスやエンゲルスのように革命という手段に訴えたのではないため、目的の達成方法については常に曖昧さが残るとしたのである。極論すれば、理想郷（ユートピア）を述べたに過ぎない、というのが空想的社会主義なのである。

理想郷に至る政策としては、空想的社会主義者は私的財産権の抑制、計画によって生産と分配を行う、不労所得などの批判という社会主義的な政策を想定していた。

サン＝シモンについては御崎（2006）、中嶋（2018）が有用で、これらの著書から彼の生涯について知り得た。彼はフランス革命（1789年）前に名門貴族の家に生まれた。若い頃はアメリカ独立戦争に従軍したほどの血気盛んな人物で、アメリカの経済や政治の進歩に感銘を受けたという。フランス革命中はいろいろなことに手を出して巨万の富を得たが、その後、投機に失敗して財産を失うという厳しい人生を送った。

18世紀の終末頃から学究生活に没頭し、さまざまな著作を世に問うた。有名な書物は『産業』、『産業体制論』、『新キリスト教論』などである。

彼は革命後のフランスが疲弊している現状を憂いて、社会の基礎は強い産業の存在によってのみ保障されると信じ、富の蓄積のためには産業（農業、工業、商業）の発展を図らねばならないと考えたのである。

サン＝シモンより少し前のフランスの経済学では、フランソワ・ケネーに代表される重農主義が支配的であって、産業の中心は農業であると考えられていた。もう一つのケネーの重要な主張は自由経済主義であった。経済学の父とされるイギリス人のアダム・スミスは、『国富論』によって自由経済主義を説いたが、実はケネーの影響を受けていたのである。

サン＝シモンは農業よりも工業や商業が念頭にあった。そして、これらの産業に従事する経営者（あるいは商工業者と呼んだ方がよい）と労働者が生産に励む姿を賞賛したし、理想の姿と考えた。

ここまでの記述だと、サン＝シモンは社会主義の薫りはなく、むしろ資本主義を想定していると考えてもよい。現にサン＝シモンの後継者であるサン＝シモン主義者らは、産業を強くすることがもっとも重要な国のあり方と主張するので、サン＝シモンを資本主義の提唱者と理解するのは間違いではない。

では、なぜサン＝シモンが空想的社会主義者の一員なのか。それは、彼の後期の書物『産業体制論』のなかで示された考え方から、そう理解できるのである。

それを具体的に述べれば、次のようになろうか。

経営者と管理者の優れた経営能力の発揮によって強い産業は成就されるが、同時にそこで働く労働者の役割も重要だと考えたのである。

晩年のサン＝シモンはキリスト教の新しい解釈に取り組んで、経営者や管理者もキリスト教的博愛の精神に忠実であらねばならないと主張するようになった。すなわち労働者と経営者はむやみに対立するのではなく、むしろ労働者の貧しい生活を改善するための努力を、経営者も労働者も一緒になってするのが理想と考えたのであった。このキリスト教的博愛主義の思想は、晩年の未完の書である『新キリスト教論』に書かれている。

マルクスやエンゲルスの科学的社会主義者は、経営者によって搾取された労働者は革命という手段のみによってその利益を守るべきと主張したが、サン＝シモンは、そのような具体策はまだ述べていなかったのである。素朴な道徳観によって労働者は庇護されねばならないと述べるにとどめただけだったので、空想的社会主義という名称がサン＝シモンに与えられたのである。

サン＝シモンをまとめれば、次のようになろうか。

産業を強くすることが社会にとって重要であり、そのために経営者や管理者の役割に期待したので、資本主義を礼賛したと理解できる。一方で、経営者と労働者の対立をミニマムに抑制することも重要と考えたので、社会主義者の顔も有したのである。

ここで一言付記しておくと、本書の主役である渋沢栄一の思想も、サン＝シモンと一脈通じる点がある。彼は在仏中にサン＝シモン主義者との接触があったのである。

ミシェル・シュバリエ

ミシェル・シュバリエ（1806-1879）は、パリ万国博の主席アドバイザー的な役割を果たした経済学者である。ナポレオン三世のお気に入り経済顧問であり、当時のフランス経済の運営に際して辣腕をふるった。

経済学者として、例えばケネーやワルラスのような後世にも残る仕事をした人ではないが、政策上は大いに貢献したので、ここで取り上げる次第である。彼のことについては上野（1995）の研究書があるので、それを参考にした。

シュバリエはポリテクニシアン（理工科学校卒業生）であり、かつエコール・ド・

ミーヌ（鉱山学校）の卒業生でもある。しかも良好の成績で首席での卒業という大秀才であった。

フランスには、大学とは異なるグラン・ゼ・コール（大学校）が存在し、入学試験の困難なエリート校がいくつかある。グラン・ゼ・コールに関しては橘木（2015b）を参照のこと。理工科学校と鉱山学校は名門中の名門校である。余談ではあるが、日産自動車のカルロス・ゴーン元会長もこの両校の卒業生である。

シュバリエは学校卒業後、鉱山技師として働いていたが、サン＝シモン協会（サン＝シモンの死後に弟子層がつくった宗教的な組織）に入って、サン＝シモン主義に傾倒するようになった。そしてフランスの産業を強くしたいと願って、サン＝シモン主義を実践するサン＝シモン協会の活動に参加したのである。

このサン＝シモン協会には、とても優秀な若者が参集していた。例えば、既に記述したル・プレー、サン＝シモンの思想を体系化したアンファンタンとバザールという幹部、のちにフランスの銀行と鉄道をつくって産業に貢献したエミールとイザックのペレール兄弟、ナポレオン三世の財務大臣になるド・ビュローなど、フランスの学問、産業、政治の指導者になる人がメンバーだったのである。

シュバリエは、このサン＝シモン協会の機関新聞「グローブ」の編集長に弱冠24歳で就任し、協会の宣伝・布教に努めるようになった。

この時、協会の幹部であったアンファンタンとバザールに、結婚における女性の扱いを巡って意見の対立が発生し、宗教的にますます熱狂的になったバザールが協会を離れた。そして、シュバリエとアンファンタンは協会の宗教性の維持よりも、フランスあるいは地中海圏経済構想を打ち出すようになった。

シュバリエは、1832年に彼の代表作の一つである『地中海システム』を公刊して、地中海が世界経済の中心になるという大きな構想を提出したのである。

ところがである。サン＝シモン協会は秘密結社的な性格を帯びるようになり、自由恋愛を主張したため、公序良俗に反するとして当局から睨まれ、裁判にかけられることになってしまった。結局、シュバリエは有罪となり、協会も解散が命じられたのである。

仕事のなくなったシュバリエは、1834年から2年間アメリカに滞在する。そこで資本主義が勃興しつつあったアメリカの経済力に感銘を受ける。

特に、銀行を中心にした金融業の発展、広い国土を鉄道網で結んでの経済発展、自由貿易の活用による産業の発展など、アメリカ経済の活力と繁栄に接した。そして『北アメリカに関する手紙』を出版して、フランスもアメリカから学ぶ必要があることを主張したのである。

この功績によって、シュバリエはコレッジ・ド・フランスの教授に任命される。この学校は学生を有しない（学生は一般大衆で自由参加の聴講生のみ）、最高の知性の教授陣を擁する教育組織である。

ここで政治の動きを一言述べておきたい。

1848年の二月革命によってルイ＝フィリップ王制が倒れ、一時期、共和制になっていた。同年12月の大統領選挙でルイ・ナポレオンが大統領に選ばれたが、1851年のクーデターによって彼は独裁的な大統領となって、ついに1852年には自分が皇帝となり、ナポレオン三世と称した。第二帝政の始まりとなったのである。

シュバリエは、このナポレオン三世の顧問となって、パリ万国博の開催や産業化を図る政策に関与するようになったのである。

シュバリエの経済思想を一言でまとめれば、サン＝シモンの産業優先策を実行するために、銀行を中心とした金融業の重視と必要性を説き、株式会社制度の適用が重要といったことになる。

シュバリエは、ナポレオン三世の経済領域の懐刀として、これら産業強化策を進言したし、皇帝もそれを受け入れて実行にうつしたのである。もとよりナポレオン三世もフランスの経済を強くしたい気持ちが強かったので、両者の思惑は一致した。その実現の場所の一つがパリ万国博の開催だったのである。

栄一がパリ万国博に実際に顔を出してみて、産業を強くするための施策を直接ナポレオン三世やシュバリエから伝授されたとは思えないが、間接的にせよ、これらを大いに学んだと思われるのである。

栄一がフランスで具体的に学んだこと

栄一のパリでの任務は、幕府の派遣した使節団がパリ万国博に出展したときの諸行事に参加することであった。彼は会計と庶務の仕事をつつがなく終えたので、その点の問題はなかった。

むしろ、ここでは彼がパリで誰に会い、何を学んだかを知っておこう。これに関しては鹿島（2011）に詳細で優れた解説があるので、ここではそれに準拠しながら筆者のコメントを付記しつつ簡単にまとめておこう。

まずは、この章でたびたび述べたように、サン＝シモン主義の発露である産業を強くすることとの重要さと、そのためには銀行、鉄道、株式会社を充実させることが肝心だということを学んだ。これはパリ万国博で実際に見聞したことからと、幾人かのフランス人に直接会っての吸収であった。

鹿島（2011）には、フランスの銀行家フリュリ＝エラールから直接学んだことが詳細に述べられている。鹿島は、彼に関する文献がさほどないころ、パリにいる彼の子孫に直接面会していろいろな資料を手に入れたという、大変貴重な作業をされたのである。ここからの記述は鹿島（2011）に全面依拠である。

フリュリ＝エラールは銀行経営者であり、フリュリ＝エラール銀行はフランス外務省御用達の銀行だった。フランス外交官のほとんどが彼の銀行に口座を持っていた関係で、在日フランス公使だったレオン・ロッシュはフリュリ＝エラールとも親しかった。

そこで、ロッシュの推薦でフリュリ＝エラールを在日名誉総領事に任命していたのである。ロッシュは対日貿易を大きく拡大したいとの希望があり、徳川使節団の世話役としてのフリュリ＝エラールに、その貿易拡大策の片腕として働いてほしいと願っていた。この日仏貿易拡大あるいは独占の業務を担当するフランス商社の設立に際して、フランスの銀行ソシエテ・ジェネラルの融資に期待するのである。これを契機としてフリュリ＝エラールが渋沢栄一と会うようになり、栄一は彼から銀行業務や金融全般を具体的に学ぶ関係が成立したのである。

ここでもう一組の人物が登場する。ミシェル・シュバリエのところで述べたサン＝シモン主義者のペレール兄弟である。

ペレール兄弟は鉄道業や銀行経営に乗り出していたが、銀行においてクレディ・モビリエを創設していて、資金を集め産業支援で大いに成功していたのである。ペレール兄弟は、サン＝シモン主義に理解の深いナポレオン三世の力を借りて、ヨーロッパの金融界を牛耳る勢いまで持ち始める。これを恐れたヨーロッパの金融実力者であったフランス・ロスチャイルド家は、ペレール兄弟のクレディ・モビリエに対して対抗策を打ち出したのである。

なお、ソシエテ・ジェネラルとロスチャイルドは急拡大するクレディ・モビリエを潰したいために手を組んでいた。これらソシエテ・ジェネラルをも巻き込んだロスチャイルド家とペレール兄弟の争いについては鹿島（2011）に詳しいが、本題を離れるのでこれ以上言及しない。

結論を述べれば、渋沢栄一とフリュリ＝エラール、ソシエテ・ジェネラル、サン＝シモン主義というラインが成立していたのである。

ついでながらソシエテ・ジェネラルは、現代のフランス銀行界においてはＢＮＰパリバ銀行に次ぐ第２の銀行である。渋沢栄一はこのラインのもとで、フランス銀行界のことを学んだに違いない。

ついでに鉄道業の発展に言及しておく必要があろう。サン＝シモン主義者のミシェル・シュバリエは、アメリカ滞在の経験から鉄道網の整備が産業の発展に貢献すると主張していたが、それを実行したのが同じくサン＝シモン主義者のペレール兄弟であった。

フランスでは、１８３７年にパリ・サンジェルマン線、１８４０年にパリ・ヴェルサイユ線が敷設されたにすぎず、他の諸国より鉄道の建設では立ち遅れが目立っていた。それに危惧を抱いたペレール兄弟は、１８５０年代に入ってから鉄道網の整備に積極的に取り組んだ。特にペレール兄弟が１８５２年に設立したクレディ・モビリエは鉄道建設に積極的に融資したのである。そのおかげで、１８５１年には３６００キロメートルにすぎなかった鉄道線路が、１８７６年には１万７９００キロメートルにも達し、鉄道網が急激に整備されたのである。

この鉄道網の整備によって、原材料や製品の輸送が効率的になり、産業の発展に大きく寄与した。さらに鉄道は機関車、車輛、駅、鉄路、橋などをつくるために大量の鉄を使用するので、鉄鋼業を含めたいわゆる重工業の発展の根幹を担う役割を果たした。イギリスやドイツの産業化に遅れを取ったフランスではあるが、19世紀の後半になるとフランス産業は急激に発展したのである。

ここで述べた銀行を中心にした金融業、そして鉄道業の発展をフランスにおいて知り、そして時折の他のヨーロッパ諸国への訪問によって、栄一は産業を強くする必要性を直接、間接にみたのであった。日本もこうあらねばならない、と痛感したに違いない。

第3章　銀行業を中心にした経営者として

第一国立銀行を設立する

５００社以上の株式会社の創設にかかわった渋沢栄一であったが、大半の企業については設立発起人か、少数株式を保有した企業の経営者の一人としての役割しかなかった。

栄一が大蔵省を辞職してすぐに取り組んだのは第一国立銀行の設立であり、しかもこの銀行（のちに第一銀行となる）の頭取を30年以上にわたって務めたので、彼のもっとも重要な仕事は銀行経営者であったとみなす。他にも、彼が経営者として重要な役割を果たした企業はいくつかあるが、ここでは銀行をまず扱う。

第一国立銀行の設立経緯と、その後の発展については第一銀行八十年史編纂室（1958）から知り得る。栄一が大蔵省の改正掛の主任だったときに「国立銀行条例」の作成に関与したのであり、その経験は特に貴重であった。

そこではアメリカ流の銀行（ナショナル・バンク）方式にするか、ヨーロッパ流の銀行（ゴールド・バンク）方式にするかを巡って省内でもめて、両者の折衷案が成立したことは既に述べた。栄一が大蔵省を辞して民間銀行をつくろうとしたとき、皮肉なことにこの「国立銀行条例」が多少の足かせとなったのである。

明治維新前の金融といえば、両替商、蔵元、札差と呼ばれた商人が、幕府や諸藩への融資や両替を行っているにすぎなかった。維新後には、それらを多少発展させた為替会社が設立されたが、うまく進まなかった。

そこで政府は、民間に金融機関を設けるべく「国立銀行条例」を制定した。そして、これまで金融業に携わり、政府の為替方（出納業務のこと）も務めていた小野組や三井組などが銀行開設の願いを大蔵省に提出したのであった。それに対して大蔵省がどう対応したかは第1章で記した。

そこに栄一による第一国立銀行（ちなみに銀行という日本語は栄一の造語である）の設立案が浮上した。なんと、小野組と三井組が発起人となり、資本金300万円のうち、小野・三井両家がそれぞれ100万円を引き受け、残りの100万円は一般から募ることとなったのである。

しかし、まだ世間には、株式会社の馴染みはなく、一般からは44万円ほどの応募しかなかった。もっと不思議なのは、第一国立銀行の頭取（社長のこと）は小野組と三井組から出て、二人並立の経営者となったことだった。

これでは両組が対立してしまい、経営がスムーズに進まないのは確実であった。栄一は、この二人に仕える行司役（栄一の言葉）という総監役であった。

やや繁雑になるが、ここで第一国立銀行の業務を書いておこう。いまの民間銀行の業務がここから始まったことがわかるからである。業務範囲は通常の預金、貸付け、公債及び金銀の売買、為替の取り扱い、諸手形に関する業務、政府出納事務のコレスポンデンス（交信業務）などであった。特筆すべきは、銀行紙幣の発行である。中央銀行がまだ設立されていなかったので、当時は民間銀行が紙幣を発行できたのである。

その後、小野組の経営破綻が1874（明治7）年の11月に発生する。いままで小野組は大蔵省の為替方として出納業務を行っていて利益を上げていた。しかし、政府は為替方の取り扱い金額の3分の1を担保として政府に提出せよと命じたのである。

これに三井組は応じることができたが、小野組はそれができずに破綻したのである。このあたりの事情を知るにつけ、大蔵省は自己の意のままに民間の金融機関を潰そうと思えば潰せるのだ、という大きな権限を有していたことがわかるだろう。

第一国立銀行は、この小野組の破綻によって大きな打撃を受けたことはいうまでもない。三井組とともに第一国立銀行への共同出資者であるのに加えて、銀行は小野組に138万円もの貸し付けをしていたのである。

ここで危険を察した渋沢栄一の鋭い経営感覚が発揮される。小野組所有の第一国立銀行の株券84万円前後を提供させ、その他の資産も差し押さえて、第一国立銀行の損失を2万円弱に抑えたのである。

第一国立銀行は、小野組の破綻によって連鎖倒産の危機にさらされていたが、栄一の果敢な危機対応策によって生き延びることができた。翌年の1875（明治8）年1月に栄一から再建案が出され、100万円の減資、いまでいう徹底したリストラ策（業務や人員の整理など）を行って、第一国立銀行は再スタートできたのである。

当然のごとく栄一は、社長（頭取）に推挙され、文字通り第一国立銀行のトップの経営者となったのであった。

国立銀行条例の改正

ところが、「一難去ってまた一難」の到来であった。明治政府は財政支出の増大を図るため、政府紙幣の濫発を行うようになっていたのである。

このために第一国立銀行を始め、既に創設されていたいくつかの国立銀行は、盛んな正貨（金）流出による引換準備金の不足が生じていた。そうして、それぞれの国立銀行の紙幣の発行の抑制、ないし中止が余儀なくされるようになった。つまり銀行業務が縮小、下手をすれば倒産に至るかもしれないのであった。

そこで栄一を代表にして、国立銀行側は大蔵省に請願を出して、「国立銀行条例」の改正を要求したのである。

すなわち正貨（金）を以て銀行紙幣と兌換する制度を、通貨（政府紙幣）兌換に変更するという要求であった。国立銀行は払込資本金の10分の8にあたる銀行紙幣を発行できるとして、その4分の1を政府紙幣で引換準備金としておけばよいとしたのである。銀行紙幣も政府紙幣も不換紙幣にするとの願いであった。

この要請は、栄一が大蔵省在職中に手掛けた条例を半分否定するようなものだったので、彼としても苦しい決断だったと思われる。しかし、ここで筆者流の弁護論を述べておこう。

それは、現代流に言えば「too big to fail」（大企業を潰したらすべてがダメになる）の視点からすると、国立銀行が潰れたら多くの関連企業が倒産するので日本経済は終わり、ということになるので、ここは政府（大蔵省）の支援策はやむなしという解釈である。

この「too big to fail」という考え方は、政府が民間企業の経営には口出ししないという伝統のあるアメリカですら、1984年にコンティネンタル・イリノイ銀行の経営危機に際して、この原則に応じて政府が民間銀行を救済したのである。アメリカ経済の破綻を恐れたのである。

ここで最後に、得能良介との関係を再述しておこう。第1章において、大蔵省時

恐慌による紙幣回収と金本位制の弊害

国立銀行が不換紙幣を増発したことに端を発して、経済はインフレーションを伴う好景気の時代を一時的にせよ迎えた。それは1879（明治12）年から1881（同14）年頃のことであった。

しかし好景気は続かず、金利の上昇や消費増大による輸入の増加によって貿易収支が赤字となり、正貨（金）の流出は続いた。この不景気が1回目の明治時代における恐慌である。このあたりの経済史はどの書物にも記載のあることなので、あえて参考文献を示さない。

この時期に大蔵卿（大蔵大臣と考えてよい）になった松方正義は、中央銀行である日本銀行を創設した。1882（明治15）年のことであった。

日本銀行を唯一の発券銀行にする策を採用し、それぞれの国立銀行が発行していた紙幣を回収することにした。松方と渋沢は銀行券の発行による好景気は、虚構の景気を生んだに過ぎないと理解していた。さらに、松方大臣は財政赤字を縮小するために強力な緊縮財政策を取った。世に言う「松方デフレ政策」の開始である。

このデフレは世に恐慌をもたらした。物価の下落は米価の下落を招いて、農家の経済を苦しめることとなった。さらに、商工業界にも不況は波及して、多くの倒産を招いたし、最後はかなりの数の中小金融機関を破綻に追い込んだのである。

金融界にいる渋沢は、恐慌の一因が不換紙幣の流通にあると考え、早い時期から紙幣回収の声を上げていた。

この声に賛意を示したのが大蔵卿の松方正義であり、不換紙幣の廃止と兌換紙幣（金や銀と交換できる紙幣）である日本銀行券の発行に踏み切り、いわゆる紙幣の整理・回収という政策を採用したのである。この意味では、新しい金融政策は民間銀行の指導者・渋沢栄一と大蔵大臣・松方正義の共同作業とみなしてよいのではないだろうか。

渋沢と松方の対立と言ってもよいかもしれないが、のちの1893（明治26）年頃に新しいことが起こった。

それは、日本が日清戦争を控えて軍事費の膨張が予想され、その財源を欧米で外債を発行して調達せねばならないことから発生した。当時の日本は、金銀複本位制（実質的には銀本位制に近かった）の国であったが、欧米諸国は金本位制だったので、日本もそれに変更しないと起債ができない、という事情があった。

ところが銀価格は、金価格に比して下落傾向にあり、為替上で円は有利になって輸出が好調になっていたのである。特に、当時の日本の主たる輸出品は生糸であり、繊維産業の復興のためにも銀本位制に執着することが望まれたのである。

ここで国内経済の発展を願う栄一たちの財界派と、外債を発行したい大蔵省の松方との対立が起きたのである。前者は銀本位制の支持者、後者は金本位制への変更派という対立であり、民間と政府の対立と理解してもよい。

民間経済界の反対にもかかわらず、松方大臣は強引に国会で法案を通して、金本位制に踏み切ったのである。

ここでも政府が民間よりも優位にいる姿をみることができる。これによって外国での起債に成功したので、軍事費を調達できたのであり、結果として、日清戦争を勝利に導くことができた。しかし、物価の上昇を招き、生糸をはじめ輸出が抑制され、繊維産業は打撃を受けることとなった。やがてその不況は他の産業にまで波及し、日本経済は景気の悪化がますます進行したのである。

この不況を助長したもう一つの理由に、政府・日銀が正貨（金）準備の維持を優先させたため、金融引締め政策を採用したことがあるのも付言されてよいだろう。

なぜ株式会社方式と銀行が重要であったか

ここでの記述は、事業家・渋沢栄一の本質的な評価に関係することなので、私見によるところが多い。

まず、彼がいかに自分で事業を興して民間事業に従事したい気持ちがあったか、その一つのあらわれは、栄一が大蔵省を辞して民間に出ていくときにとった行動である。第一国立銀行の創設前に、三井組のトップ・三野村利左衛門からの三井入りの誘いを断っている事実に注目したい。

三野村利左衛門なる人物を知っておこう。彼に関しては三野村清一郎『三野村利左衛門伝』が有用である。

もともとは庄内藩士の息子であったが、紀伊国屋の美濃川利八の養子となって商売に手を出すようになった。やがて後継者となって利八を名乗る。栄一は農民の子息でありながら武士になった男であるが、利左衛門は武士の子息でありながら、商人になった男なので、栄一とは正反対の人生であることが興味深い。本人には、よほどの商才の自覚があったものと思われる。

その後、利八は天保小判の買い占めによって富を得る。この商才が認められて1866（慶応2）年には三井組に勤めるようになった。

ここで三野村利左衛門と改名した。三野村は三井家で頭角を表し、三井家の大番頭になっていた。明治に入ってからは新政府への財政支援を行って、三井家、そして三野村の権力は絶大なものになっていた。

話題を栄一に戻そう。そこに栄一の大蔵省辞職があり、三野村は三井家の総理事にまでなっていたが、もし栄一が三井家に来るなら、総理事を降りてその地位を栄一に譲ってもよいという破格のオファーをしたのである。いわば三井のトップになってほしいという誘いを、栄一は断っているのであるから、凄い出来事だったと言わざるを得ない。

なぜ凄いのか。まずは三野村に認められるほど、栄一は大蔵省での仕事ぶりが目立っていたという証拠になる。次は三野村に大いに見込まれたにもかかわらず、栄一は三井家には入らず、自己の道を歩む決断をしたことだろう。その理由が知りたくなる。

ここで筆者の解釈を述べておこう。それは三井家のような既にかなりの資金を保有する組織のなかに入って経営にあたるのではなく、事業は自分で起業して、それを徐々に大きくしていく仕事に対して、より魅力を感じていたのが栄一であった。

確かに、起業時には三井組と小野組のかなりの額の資本提供を受けていたので、すべての資金を自分で集めて出発した第一国立銀行の発足ではなかったが、少なくとも自己の意思は三井家に入るよりも貫き通せると考えたのである。

こう判断するもう一つの根拠は、第一国立銀行のみならず、のちになって栄一は無数の企業の設立・発起人になる点である。一から事を始める事業に無上の喜びを感じる人物であった。

もう一つの筆者の新しい解釈は、栄一は「所有」と「経営」の分離の必要性を当時から頭のなかで考えていた、というものである。

近代株式会社は、バーリーとミーンズ（1958）の『近代株式会社と私有財産』では、両者は分離したものと考えられていた。すなわち、株式会社の所有者は当然のことであるが株主である。株主が無数にいるか少数に限られるかは企業によって異なるが、その企業の経営にあたるのは、株主によって委託された別人格の経営者であると主張した。つまり所有と経営の分離が一般的であると考えたのである。

なぜ、所有と経営の分離が望ましいのか、その理由を一つ述べておこう。もし所有者と経営者が同一人物であれば、企業の内部情報をよく知り得る立場にいるその人物は、内部情報を悪用して自己の利益を最大にする行動を取るかもしれない。そうすると、企業経営は間違った方向に進む可能性がある。

これでは、公益としての企業の存在意義を失いかねない。栄一は「私企業は公利公益を優先せよ」と常に主張していたので、この解釈に到着したのである。栄一は、もし自分が三井組（家）に入れば、所有と経営が同一人物でなされることになるので、これはよろしくないと考えた。なぜならば、三井組の株の大半は三井家の保有であるから、自分が三井組のトップで経営にあたれば分離された形ではなく、所有と経営が一致していることになると考えた可能性がある。

第一国立銀行の経営は、三井組と小野組、そして他の少数の株主の出資より成り立つ株式会社を、所有から分離した栄一が行うことになるので、この形式が望ましいと考えたのかもしれない、という筆者の新しい解釈を提出した次第である。

次は、なぜ銀行が大切と思ったか、である。この回答はそう困難ではない。銀行なり金融機関が民衆から預金を集めたり、あるいは株を発行して資本を蓄積したり、あるいは債券を発行して資金を調達したりして、それらから収集した手持ちの資金を確保する。その資金を企業に貸し付けて、投資の財源にする役目を銀行は行うことができるので、産業の振興に大いに寄与することが可能である。

これは経済学でいう間接金融の役割であるが、直接金融の役割を果たすこともできる。すなわち、手持ちの資金を用いて他の企業の発行する株式を購入するのである。企業からすると、銀行からの借り入れによる資金調達と、株式の購入による資金調達に対しての効果と意味は異なるし、銀行側からしても貸し出しと株式保有では意味の異なることは当然である。

この差に関しては、どのファイナンスの教科書にも記されていることなので、ここではこれ以上言及しない。

いずれにせよ、ここで銀行は資金提供者となって他の企業の経営に資することができるし、その企業のビジネスが繁栄すれば産業発展の基本になることができる、という価値を渋沢栄一は大いに評価したものと考えられる。銀行は産業発展の礎になるとみなしたのである。

この事情を「金融資本」の役割が経済発展、産業振興、ひいては資本主義の発展に寄与している、と述べることもできる。すなわち銀行という金融機関が集めた資金なり資本が、経済の中核にあるという理解である。

実は経済学、特にマルクス経済学ではこの「金融資本」という言葉は、別のニュアンスから解釈される。すなわち「金融資本」、特に巨大銀行が大きな資金力を背景にして、他の産業における生産と資本を独占的に占有する現象につながると判断した。そして巨大銀行と巨大企業が一国の経済を支配して、産業資本よりも金融資本が優位に立ち、いずれ帝国主義の道を歩むとしたのがマルクス経済学における「金融資本」論であった。

当然のことながら、渋沢栄一に関して述べた「金融資本」はマルクス経済学の意味ではなく、銀行が産業振興、あるいは資本主義の発展に寄与するという理解しか述べていない。栄一の言いたいことは、一国の経済発展はまずは銀行の整備から始まり、それを通じて他の産業の発展に期待できる、という意味しかないと強調しておきたい。

最後は、なぜ栄一が株式会社方式を好んだかである。彼自身は当時の文書で株式会社という言葉ではなく、合本組織という言葉を用いていたが、いまでは株式会社が一般的になっているので、この言葉を用いる。

企業が事業を立ち上げて、生産なり商売を始めようとするときに、資金が必要なことは言を要しない。起業の動機が利潤を上げて、儲けようとする目的にあることを栄一は否定せず、それは経済活動の当然の行動原理としてむしろ奨励したのである。

経済学には、資本主義を肯定する近代経済学とそれを否定するマルクス経済学があるが、栄一はいまでいう近代経済学の立場を明確に支持したのである。

そのときに、企業は株式を発行して外部の人に購入してもらうことを期待する。購入に応じる人も、その株を持つことによって企業が利潤を上げて支払ってくれる配当金に期待する。そして同時に発行された株式は市場で流通するので、株式の価格（株価と称する）の変動があり、株価が上がれば儲けることが期待できる。これをキャピタル・ゲインと称する。当然のことながら株価が下がれば損失の出ることも覚悟せねばならない。

このように株式会社方式は、企業を経営したい人にとっては資金を幅広く集めて企業を経営できるメリットがあるし、株式を購入する人にとっても配当を受領できるとともに、キャピタル・ゲインの獲得を期待できるメリットがある。

もとより、株式市場で大金を儲けようとしてギャンブル的に株式の売買を行う人もいるが、栄一はこのような人を好まなかったことはよく知られた事実である。

栄一が、このような株式会社の役割を勉強したのはフランス滞在中のことであった。この方式を日本にも導入して、企業の発展を期待したのであった。最初は静岡にいたときに始めたが、本格的には大蔵省を辞して第一国立銀行の創設に携わることで始まったのである。

第一国立銀行の設立時には、三井組と小野組というお金持ちによる大量の株式購入に頼らねばならなかったが、本来の理想の姿は少額であっても多数の株主による購入、すなわち幅広い資本の提供に期待するところにあった。

ところが当時は、株式会社のことを知らない人が多く、しかもお金を持っている人もそういない貧乏社会だったので、ごく一部のお金持ちに頼ったのはやむを得ない側面もあったのだろう。

財界指導者としての役割と取引所の開設

第一国立銀行の社長（頭取）として銀行経営にあたったが、この銀行が中央銀行のような役割を果たしていたので、栄一は銀行界全体の取りまとめ役も行っていた。すなわち、銀行業の権益を守るという業界を代表する人物になると同時に、一方で銀行業界内におけるもめ事を率先して解決ないし調停する立場にもいたのである。

その具体策が、第一国立銀行内に事務所を置いて、月1回の会合を国立銀行と私立銀行の代表者を集めて行うことであった。事務所が第一国立銀行内に設けられたことが、栄一の指導力への期待とまとめ役としての立場を代弁していると考えてよい。その組織を「択善会《たくぜんかい》」と称していた。この名称は栄一が若い頃に学んだ孔子の『論語』から引用したものであった。

銀行業界の意見を世に問うたり、監督官庁の大蔵省への注文をまとめるための会であった。さらに金融や経済のことを調査して、その成果を機関誌（『理財新報』）に発表する仕事をも行った。

ところが、「択善会」のみならず、他にも銀行団体をつくる動きがあったので、団体の乱立は銀行業界にとって好ましくないという判断のもと、東京銀行集会所を新しく1882(明治15)年につくった。

この新しい組織も栄一が委員長だったことは、彼が銀行業界では最重要人物であったことを物語る。なお、東京銀行集会所がのちの東京銀行協会、さらに全国銀行協会連合会の前身団体となった。

栄一は財界きっての指導者になっていたので、1877(明治10)年に商法会議所(のちの商工会議所)の設立においてもそのトップ(会頭と称された)になり、経済界全体のまとめ役としての役割を果たすようになった。

同じ頃に大阪にも商法会議所がつくられ、会頭に大阪経済界の重鎮の一人であった五代友厚《ごだいともあつ》が就任しており、東の渋沢、西の五代と称されるほどの実業界きっての大物になっていた。当時の大阪の実業界の実力は決して東京に見劣りしていなかったので、経済界の二大巨頭と考えられていた。いまは大阪の地盤沈下が甚だしい。東京の一極集中の現代とは異なっていたのである。

なお、渋沢は幕府派遣でフランスに滞在、五代は若い頃に薩摩藩から派遣されイギリスに滞在した。派遣主の違い、あるいは仏国と英国との違いが、のちの二人の経済活動に差を与えたのか知りたいところであるが、これはかなりの勉強をせねばならないので、ここでは指摘だけにとどめておく。

もう一つ、栄一は銀行界あるいは財界の指導者として、手形交換所と証券取引所の開設に尽力した。

前者は、決済の手段として手形を用いるのは当然であり、その交換を行う場所が必要だった。後者は発行される株式や債券の売買の場所を提供する目的のためである。

金融、経済の発展には必要欠くべからざるインフラストラクチャーであり、栄一が関与したのは当然であったが、栄一でなくとも誰かがその役にあたれた事業なので、ここでは深入りしない。

ただし一点だけ渋沢（1969）のインタビューにおいて、証券取引所（当時は株式取引所）に関して興味深い話題を提供しているので、それをここで述べておこう。

それは１８７１（明治４）年から１８７２（同５）年に栄一がまだ大蔵省にいたとき、株式取引所の開設を認可するかどうかを巡って、大蔵省内で議論が沸騰した件である。銀行のみならず、取引所などの開設にも政府・大蔵省がからんでいたという、改めて官僚の権限の強さがわかる内容であった。

大蔵省内では、株式の取引はまだ現実に実行されていないので、米の取引を例にしてそれを株式に応用できるかどうかを議論していた。そこで話題になったのは、米に先物取引（当時は延《のべ》取引と称していた）はあるが、これはギャンブルに似た取引なので、国民の賭博心を助長するだけにすぎず、株の取引所を認可しない方がよいとの反対論が強かった。しかし栄一は、先物取引の価値を主張して争い、結局は認可されたという経緯を述べている。

そのとき栄一は、日本に来ていたフランス人の法律顧問であったボアソナードの説、すなわち先物市場の価値を認めたのである。ここでもフランス人が登場するのは興味深い。

それよりもっと重要な点は、米の先物取引は日本の大阪で19世紀の江戸時代にすでに行われていた、という事実である。

「堂島米市場」は世界最初の先物取引市場だったのである。いまでは、米のみならず石油、鉄鉱石、為替、株式などあらゆる分野の商品取引において先物取引は当たり前であるが、世界に先がけて最初に米を用いて先物取引を行っていたのは、世界に誇ってよい日本人の経済感覚である。

話題を栄一に戻そう。渋沢（1969）のインタビューにおいて、栄一は投機的な経済行為を自分の好みとしていないと宣言している。

株式取引所の開設には好んで取り組んだが、本人は株式取引にのめり込んで儲けようという気はなかった。経済論理として株や債券の取引は重要なので、他の人はどんどんそれにコミットしてほしいが、自分自身はそれにコミットしなかったのである。

悪く言えば、そういう欲望のある人のために、あるいはどうしても必要な取引所の開設には支援活動はするが、自分はやらないという精神でいたのである。浮利《ふり》を追わずということであろう。

この精神は、戦前の住友財閥が家訓にしたところである。次項に三菱財閥の岩崎弥太郎とビジネス上で争う事実を述べるが、この「浮利を追わず」の精神が岩崎と衝突した理由の一つであった。

ここでの記述は、渋沢栄一という人物が、悪い意味ではなく二面性を持っている人物であると解釈できるかもしれない。

栄一の言う合本主義（株式制度）による資本主義は、ある程度のリスクに賭ける人がいないと、すなわち株式を購入する人や株式を売買する人がいなければ、株式市場ひいては企業社会、すなわち経済は成り立たない。

株式取引をしないという栄一の宣言は、自分は株式会社の主体にはならない、という矛盾をはらむスタンスと解釈できなくもない。

ここで栄一への弁護が一つ可能である。自分はリスクに賭けて株式を購入してくれた人々のつくった合本会社（株式会社）の経営は全身全霊をかけて行い、できるだけ利潤を上げる努力はする。先程の「所有」と「経営」の分離論を述べたバーリーとミーンズの考え方からすると、栄一は「経営」者としては大いに働くが、「所有」者になるつもりはさほどない、と宣言したものと同義と解釈できる。「所有」者には株式を保有してもらうので、リスクに賭けてよい人がなってほしいとの思いである。

ここでの弁護にもコメントがありうる。栄一は株式保有のリスクにはコミットしないと述べているが、企業経営も実は大きなリスクを伴う仕事である。経営が失敗すれば企業は倒産するというリスクが必ずある。この種のリスクには栄一は好んで立ち向かうという気持ちが強かったと解釈しておこう。

岩崎弥太郎との争い

前項の解釈を間接的に支持する出来事があるので紹介しておこう。それは、三菱財閥の創始者であり総支配人でもあった岩崎弥太郎と渋沢栄一の間の争いから推察できる。岩崎と渋沢との間における争いの顚末については、鹿島（2011）の第40回で詳しく知ることができる。

まず興味を引くのは、栄一が大蔵省にいた頃に、政府直営の海運会社であった「動船蒸汽船会社」がまったくの経営不振により、当時、勢いを持ち始めていた岩崎の三菱会社に安値で身売りせねばならなかったことにある。

この出来事は、栄一に「官営事業は失敗する」、「すなわち事業は民営でないといけない」という信念を植えつけたのだろう。

この時、動船蒸気船会社の三菱への身売りを政府で取り仕切ったのは大蔵卿（大蔵大臣）だった大隈重信であり、大隈（政府）と岩崎（民間）の強固なラインが形成されたのである。

三菱は、西南戦争の時の兵員や武器の輸送といった海洋運送を一手に引き受け、莫大な富を稼いでいた。政府と密接に結びついた仕事なので、三菱は政商とも称されるようになり、経済界に絶大な力を持つようになっていた。しかも岩崎は海運業のみならず、炭鉱、造船、商業などでも力を蓄積するようになった。

面白くないのはライバルの三井である。海運業に進出したい三井物産社長の益田孝と渋沢栄一は、栄一の言う合本主義に沿って株式を多く募り、「東京風帆船会社」を設立したのである。三菱は、岩崎家を中心とした所有と経営が一体となった会社であり、弥太郎がすべてを取り仕切る独占会社と言っても過言ではなかった。

ここで渋沢（資本主義）対岩崎（資本主義）の対立開始となった。三菱の強引な切り崩しによって、当初は三菱の圧勝であった。

ところが新しい事変が発生した。１８８１（明治14）年に北海道開拓使の物品が民間に払い下げられるときに問題が起きた。

これが同じ年の政変につながり、大隈重信は政府から野に下ったのである。伊藤博文、井上馨側が勝利して政権を担当するようになり、大隈の失脚によって三菱は後ろ盾を失い、三井・渋沢側は再び浮上する。三菱に対抗して、１８８２（明治15）年に共同運輸会社を設立したのである。

ここで渋沢（資本主義）対岩崎（資本主義）の仁義なき争いが3年間ほど続いた。合本主義対独占主義、あるいは三井対三菱という戦いの構図も同時に伴ったのである。三菱は共同運輸会社の株を買い占めて、同社を乗っ取ろうとしたが、それも成功しなかった。そこに弥太郎の死を迎えて、半ば休戦状態となる。

その後も静かな戦いは続いたが、政府側、特に井上馨外務卿が間に入って、両社は合併という決着に至り、日本郵船会社の誕生をみたのである。

経済学専攻者としての筆者は、「所有」と「経営」の分離を原則とした合本主義の渋沢の味方である。しかし、二つの大会社による海運業界内のトップ争いは、資本主義が歩まざるを得なかった独占資本主義の道への過程とも評価できるので、100パーセント渋沢を支持するとまでは言えない。

銀行業以外の企業設立と経営

大蔵省を辞して、栄一が総監役（頭取ではないが実質的な経営者）として第一国立銀行を始めたのが1873（明治6）年であった。その後、各地に国立銀行の設立が相次いだ。それぞれの銀行に、国立銀行券を発行しやすくしたのが理由の一つである。

しかし、西南戦争によりインフレが進行し、既に述べたように、その後の松方デフレ政策・不換紙幣の整理政策による国立銀行条例の改正があり、民間銀行への転換が促進され、第一国立銀行も1896（明治29）年には第一銀行と改称された。この間、栄一は頭取であったし、その後もトップの経営者であり続けた。

同時に、三井、三菱、安田といった民間銀行が銀行界で台頭してきていた。ここで注意したいのは、三井、三菱、安田といった銀行は商社とともにのちの財閥の中心企業になっていくが、栄一の第一銀行は渋沢財閥の形成につながらなかったことにある。

特に、これから述べるように、栄一は500にも達する株式会社の起業の設立に関与するし、経営にも携わるのであるが、渋沢財閥とはならなかった。これに関してはのちに再述する。

渋沢栄一記念財団（2012）には、栄一が設立に関与した企業のほぼすべてが記載されている。およそ100業種の産業別に分類されているが、その内のおよそ20が銀行であり、4種ほどがその他の金融機関（手形交換所、興信所、保険会社）である。

栄一がもっとも関与したのは銀行業と結論づけてよい。

残りの業種は、海運、陸運、鉄鉱、造船、化学、電気・ガス、土地と建設（建物）、ホテル、倉庫、石油・石炭、農水産、対外事業など、当時の産業のほとんどを網羅していた。

島田（2011）は栄一の関与した企業を丹念に調査して、取締役として経営に直接関与したのは１７８社とした。役職の軽重はあるし、多忙な身であるが故に、１００パーセントの力をこれらの会社の経営に注いだわけではない。むしろ何か問題が発生したときに、取締役会や株主総会に直接出向いて意見を述べ、その会社の経営にあたったとみなした方がよいだろう。

ただし、ここでも留保がいくつかある。

第１に、栄一自身はこれらの企業の設立・発起人の一人であったり、株式の購入を手伝ったり、経営者といっても社長ではなく役員の一人であったり、あるいは顧問などという間接的な経営者だった。彼が経営の中枢にいて実質的な責任者であった企業はそう多くない。

しかも、企業を立ち上げる必要性を説いて、経営者を紹介したりした企業も500社のなかにはかなりあるので、こういうのは実質的な関与ではなく、かなり間接的な関与とみなしてよい。経営の神様になりつつあった渋沢栄一の名前をこれらの会社はほしかったと解釈しておこう。

第2に、少数ではあるがいくつかの企業は経営がうまくいかず、のちに閉鎖に追い込まれた企業もある。例えば、八重山糖業、東洋硝子、日本輸出米商社などが記されている。事業には失敗が起こることは当然であるし、栄一自身がその経営にどれほど関与していたかも明確ではない。しかも熟知している銀行業ならともかく、すべての産業の特質まで栄一が把握するのは無理な面もある。これらの事実から、栄一の経営能力の優劣を論じることは本人に対して失礼である。

むしろ、ここで筆者の強調したいことは次の点である。

栄一のもっとも優れた能力は、長い間頭取として経営した第一（国立）銀行を除いて、一つの会社なりでその社の経営の中心人物となって、その企業の経営効率を高めて多額の利潤を上げるという能力よりも、一国の社会、経済を見渡して、どういう産業の企業を創設すればよいか、ということを提案する能力にあった。だからこそ、500社にも達する企業の設立に直接・間接に携わったのである。彼の先見の明があったからこそ、明治時代の日本は産業振興に成功したといえるだろう。

最後に、このような解釈に至った理由として次の四つを挙げたい。

第1に、フランスに滞在したことによって、サン＝シモン主義の教えを自ら受けて、銀行、株式会社、鉄道の発展が産業化には必要と感じたことが大きい。

第2に、本人の手掛けた企業がまずは銀行業だったので、融資先をみつけたり、どの企業の株を保有すればよいか（すなわち資本参加）に多大の関心を払ったことが、どういう企業なり産業の設立が必要であるかを、決めるのに役立つ経験をしたことが大きかった。

第3に、4年間という短い期間であったが、これから経済発展をせねばならない日本において、大蔵省で働いたことで今後の殖産興業の具体案を考えるのに、とても役立つ経験をした。

すなわち、国家と民間との関係、法律の役割、銀行を主とした金融界と非金融界との間で、株式のことや融資に関する関係を直接実感することができた。

第4に、明治時代の日本はロストウ（1955, 1961）流に言えば、take-off（離陸）時代であり、こういう時にはごく一部の人でいいから、大局的な見地から日本をどう導けばよいかを企画する人が必要であった。

民間経済部門のリーダーになっていた栄一は、この仕事を行うのにもっともふさわしい見識・能力と実行力を兼ね備えていた人物だったのである。

第4章　弱者の味方だったのか

日本資本主義の父、第一級の経営者として名高い渋沢栄一は、労使関係において労働者の立場への理解が深く、かつ福祉活動にとても熱心であった、との評価がなされている。

まずは、その実態を詳しく検討して、筆者なりの評価をしてみたい。

経営側が強く労働側が弱かった時代

マルクス経済学の立場に立脚すれば、資本家と労働者は、目的とおかれた立場や条件がまったく異なるので、対立する存在となる。

資本家（あるいは経営者）は利潤最大化を目的とするため、労働費用の最小化を図るが、労働者はできるだけ肉体的・精神的な苦痛を小さくしながら、高い賃金を得たいと望む。まったく両者は異なる目的・動機を持つ。

もう一つ無視できないことは、資本主義における経営権の自由の原則から、経営者は労働者の採用、解雇を自由に行える。これは経営者が労働者よりも強い立場にあることの証拠となる。とはいえ、労働者の保護については先進国では合意がある。

特に解雇は労働法で制限する国もある。

　大まかに言えば、資本主義の初期の頃ほど経営側がより強く、その後、労働法の強化が進んで、労働者保護の程度は高まった。とはいえ、国によって対応は異なり、例えばアメリカは労働法が弱く、ヨーロッパは逆に強いというように、その差も大きい。

　明治時代の日本であれば、初期の資本主義の時代だったので基本的には経営側が強く労働側が弱かったと理解してよい。その証拠の一つとして、いくつかの労働運動はあったものの、当時は労働組合の結成はほとんどなされていなかったのである。

　この労働組合を組織する動きに対して、当時は社会主義運動の兆しが日本でも起こりつつあり、財界と政府はこの動きを阻止しようと積極的に対応した。

　具体的には、１８４８年にマルクスとエンゲルスが『共産党宣言』を公刊して、「万国の労働者よ、団結せよ」の有名な言葉によって、労働者が資本家（経営者）に搾取されないような指針を与えた。多くの国において社会主義思想が浸透し、その後、１９１７（大正６）年には、レーニンによるロシア革命によって労働者・農民の立場に立つ政権まで誕生するに至った。

日本では、このロシア革命をまだみてはいなかったが、資本家と保守系政治家は我が国でも、こういった事態が起こるかもしれないとして、労働運動や社会主義に関する書物の発行に対して、弾圧活動を明治時代の中頃から強めていた。

栄一はなぜ、一転して「工場法」に賛成したのか

栄一は、日本の製造業はまず繊維産業の振興から始めなければならないとして、1882（明治15）年に綿業を中心とした大阪紡績を設立した。

この会社は、イギリスに留学していた山辺丈夫《やまべたけお》を説得して、イギリスの紡績技術を勉強させて、その技術のもとに日本で綿織物工場をつくったものである。

大阪紡績は業績を上げ、のちの日本の輸出における重要な産業の礎になったし、同じく栄一が設立に関与した三重紡績と、その後に合併して、日本を代表する繊維会社となる東洋紡績が誕生するのである。

この大阪紡績をはじめ、大阪天満紡績などで労働運動が勃発していた。企業は立

ち上げた紡績工場の生産性を上げるために、賃金の安い女工を多く雇用して、従業員を猛烈に働かせるような組織にしていた。すなわち夜勤を含む二交代制、薄暗い電灯のもとでの苦痛をともなう長時間の作業、それに安い賃金など労働条件は劣悪であった。

当時は、女工に対する劣悪な労働条件が話題になっており、それを改善するための「工場法」がヨーロッパを中心に成立していた。

1833年に、イギリスで「工場法」が制定されたが、これは児童労働を禁止したことと、週あたりの労働時間を69時間以内とするというものであった。その後、改正が重ねられた。

日本においても、この「工場法」を導入する動きがあって、1896（明治29）年には明治政府も経営者、官僚、学者などを集めて「農商工高等会議」という検討会を開催した。いまの政府における審議会と考えてよい。

この第3回会議の議事録をみると、当時の経済問題、例えば外資、貨幣、移民、林業、漁業などの問題が論じられたことがわかるが、「工場法」もその話題の一つであった。会長は渋沢栄一である。いまの時代とは異なり中立の立場にいない、財界側の人間がトップの審議会だった。

議事録からは、劣悪な労働条件にいる労働者の保護のため、「工場法」の制定を主張する委員に対して、栄一は反論を述べたことがわかる。例えば、

①法律によって労使関係を縛るのではなく、既にみられる良好な労使関係に期待するのが日本での発想である

②大いに働きたいと思っている労働者の意欲を削ぐのではないか

③労働条件を良くすれば、これから発展しようとする、例えば、紡績業に多大な費用がかかる。諸外国との競争に負けてもよいのか

といった反論である。

要約すれば、日本の資本主義はまだ初期の段階なので、多少無理があっても企業を強くして経済発展を図る必要があり、ここは労働者も我慢してほしい、との主張

と理解である。さらに、まだ経済の弱い日本であれば、労働者の所得も低いので長時間労働で、頑張ってできるだけ高い所得を得たいと希望している者も多く、その意欲を削ぐのはよろしくない、との意見である。

まさに資本家（経営者）の顔そのもので、この頃の栄一は、まずは経営側に属していたし、会長が彼であれば「工場法」の成立は、なかば当然として見送られたのである。

ところが時代が過ぎて、１９１０（明治43）年に再び「工場法」が俎上に上がると、栄一は政府の諮問機関であった「生産調査会」の副会長になり、一転、「工場法」の制定に積極的な発言をして導入に成功したのである。

ここで興味が湧くのが、以前の「農商工高等会議」では経営側が会長だったが、今回の「生産調査会」では経営側は副会長であったことにある。確認はできなかったが、労働側の代表も副会長で、会長は中立の第16代目の徳川家・当主の家達《いえさと》で、貴族院議長を務めた公爵であった。政治家であるが中立の立場に近い人であった。

では、なぜ栄一が10年以上経ってから「工場法」の反対から賛成に意向を変えたのか、種々の根拠を指摘できる。

第1に、労働者の劣悪な労働条件がますます顕著になり、これを放置すれば働き手としての生産性に悪影響を与えかねないと、一部の経営者は危惧を抱くようになった。それに労働側の抵抗が強くなるのを恐れた。

第2に、繊維産業のみならず、他の産業の発展がみられたので、企業ないし業界もある程度の力をつけ、資本側の利益のみならず労働側への配慮が必要との認識が高まったし、それを可能にする余裕も企業側に生じていた。

第3に、世界を見渡せば、そして日本においても労働側が意識に目覚めて勢力を強めてきたのが明白である。特に社会主義思想が一定の支持を集めるようになったので、資本側の論理ばかり押し通すと労働側の反発はますます強くなるだろうし、一般の支持もそちらに向かう可能性もあると危惧した。

第4に、学界の貢献がある。当時の日本の経済学はマルクス経済学が勢力を強めていたが、もう一つの有力な学派が台頭していた。それは、ドイツの歴史学派に端を発した社会政策学派で、ドイツ留学をした日本人がこの学派を日本でも根づかせていたのである。

日本では「社会政策学会」と称して、当時は社会科学のなかでは最大の規模を誇っていた。数人の代表的な学者を挙げれば、東大の金井延《のぶる》、東京高商（のちの東京商大、一橋大）の福田徳三などがいた。この学会は学問研究の場のみならず、政策の提言なども行っていたという、いまでは考えられない学会であった。

ドイツの鉄血宰相ビスマルクの提唱した「アメとムチ」の福祉政策を日本にも導入せんとして、社会政策学会の面々は論陣を張っていた。

すなわち、労働者には適当な福祉（例えば労働災害の認定、医療保険など）を施し、かつ過酷な労働を強制しない労働環境を用意するのとひきかえに、一生懸命働いてもらうことを期待するのが「アメとムチ」の趣旨である。この考えを社会政策学会が世に問うていて、労働側が経営側に働きかける行動をとっていたのである。

この社会政策学会の働きかけに、経営側も労働側も対応する雰囲気が当時にはあった。栄一も、1907（明治40）年12月22日の社会政策学会の招待講演で、「昔は自分は工場法に反対していたが、いまは賛成する」という意向を表明しているのである。

社会政策学会が、工場法の制定というキャンペーンを張っていたのに対して、財界総理になりつつあった栄一の発言は、社会政策学会に塩を送ったと解釈できる。この事実は、社会政策学会の活動が工場法の制定の一翼を担った証拠となりうる。

これらの動きが功を奏して、工場法は1911（明治44）年に成立し、1916（大正5）年に施行された。日本の法律は罰則規定が弱いので、施行の効果は限られていたが、一歩前進ではあった。

しかし、その当時は悪影響が指摘されたほどだった。児童の労働を禁止したので、児童労働に頼れなくなった中小企業が苦しむことになったのだ。しかし、児童労働は絶対に避けなければならないことは言うまでもない。

中立的な立場をとった労働組合への対応

労働組合は、産業革命を経験し資本主義が最初に発展したイギリスにおいて、18世紀末から19世紀にかけて結成された。賃金や種々の労働条件を労働側が経営側に要求するために、団結した労働者の組織であった。労使交渉のときには労働側を代表するし、要求に満足できない回答のあるときには、ストライキ権を持つことが多かった。

労働組合の存在意義は、資本家（経営者）のやりたい放題の経営・管理に任せておくと、労働者が劣悪な環境で働かざるを得なくなるので、それに歯止めをかける役割を果たすことにある。もとより労働組合も、経営側と敵対関係の強い組合と、労使協調の路線を好む温和な組合の双方がある。なかには御用組合として、経営側の方針を実行するために、経営側への陰の応援機関として労働側をまとめる役目を果たす組合もある。

日本の労働運動は、既に述べたように繊維工業における女工の扱いへの抵抗、あるいは炭鉱労働者による過酷な労働への抵抗があったが、組織的なものは少なかった。

　そこで、日本における労働運動の先駆者であった片山潜《せん》などの指導により、労働組合の設立の動きが19世紀の末に多くみられたが、経営側は労働組合の結成を認めようとはしなかった。特に、三井、三菱といった財閥系企業あるいは大資本企業の拒否感は非常に強く、組合は経営にとって有害とすらみなしていた。労働組合の結成はうまく進まなかったのである。

　その一つには、社会主義思想の影響で労働運動が強くなりつつある、と資本側はみていて、労働組合の設立は資本主義体制の崩壊につながりかねないと恐れていたことがある。

　時の経過と共に、経営側の思惑と右翼思想に傾きつつあった政府の意向が一致して、労働組合はのちに非合法組織とみなされるようになる。法律としては、1925（大正14）年に治安維持法が制定され、労働組合や社会主義者や共産主義者への弾圧が始まったのである。

では、栄一の労働組合へのスタンスはどうであったかを問えば、労働組合の結成に好意的な栄一であっても、それを労働側に積極的に勧めることはなかった。それをすると、他の経営者から反発があるだろうし、自分の経営者としての立場もよくわかっていたので、自分から旗を振ることはなかった。これはある意味で経営者としては当然の行動だったと理解できる。

協調会を設立して労使の協調を図ったが

経営者のなかでは、少数派で労働組合の結成に消極的ながら同情的であった栄一であったが、多勢に無勢の経営側の冷たい態度にはどうもならず、次なる手段を用いるようになる。それが協調会の設立である。

協調会は、先に述べた「生産調査会」の会長だった徳川家達を会長、渋沢栄一を副会長、他に政治家二名を副会長にした財団法人で、労使協調の促進を目的とした研究・調査・提言・調停などを主たる事業とした。

政府のなかで、敵対する労使関係を排して協調路線を好みとする政治家・官僚や、栄一のように協調路線をとる少数派の財界人が主唱者となった。財界の寄付金680万円、政府拠出金200万円の半官半民の組織であった。協調会については大谷(2011)から知り得た。

一部の政治家や官僚と、一部の経営者がこのような組織をつくろうとしたのは、日に日に労働運動が先鋭化しつつあるし、世界では社会主義の思想が勢いを増しているので、なんとかそれを抑制して労使協調路線を定着させたいという希望からであった。

協調会の主導者たちは、1919(大正8)年から1920(同9)年にかけて、労働側の指導者である友愛会の鈴木文治に参加するように声をかけた。

ここで鈴木文治なる人物を、吉田(1988)に立脚して一言述べておこう。東京帝国大学卒業なので、労働者としてのたたき上げという労働運動家ではない。若い頃からキリスト教信者になり、当時の大正デモクラシーのなかで吉野作造や、キリスト教的な立場からの社会主義者であった安部磯雄などとの交流から、社会主義思想に傾いていった。

鈴木は労働者の地位と立場を向上させるために、何名かの同志とともに「友愛会」を設立し、労働組合の結成運動を支援したり啓蒙活動をしていた。この組織は、その後「大日本労働総同盟友愛会」、「日本労働総同盟」などと改称した。のちに政治家になって労働運動を支持し、社会主義の思想を貫いた人物であった。

その当時、労働側を代表する組織になっていたので、協調会は鈴木に対して会に入るように勧誘したが、彼は参加を拒否した。鈴木が入会の条件として示したのは、労働運動を禁止している治安警察法第17条の撤廃と、労働組合法の制定に協調会が賛同しない限り、参加しないというものであった。

栄一は、個人的には鈴木の条件に賛意を示したが、協調会全体の雰囲気はこれに同意するものではなく、鈴木は発起人にもならず参加もしなかった。

結局、労働側の参加していない協調会は、経営側から労働側への懐柔策を出す仕事に終始せざるを得ない組織とみなされるようになった。労使紛争の調停なども試みたものの、最終的に、その多くは失敗に終わっている。その役割は労使協調の調査、研究、提言しかできなかったのである。

大谷（2011）は、栄一の言葉すなわち「大正8年の着手から今日まで3年以上経過しても、まだ満足の効果を上げたとは言はれませぬ」を引用して、協調会の活動は成功しなかったとの判断である。

なぜ栄一は、失敗と判断したのであろうか。それはひとえに労働側の加入に成功しなかったからである。どのような紛争、問題が起きても、相手方が参加していなければ、一方だけの意向しか反映されない。相手側の意向を聞く機会がないので、相手側は一方の提案する調停案に否定的になるのは当然である。栄一の理想は経営側と労働側の両者が対等に向き合う世界にあったと解釈できる。

確かに、協調会は労使の争議に対して調停の努力をした。常務理事の添田敬一郎の日本楽器、別子鉱山、野田醬油という三大争議の解決に協調会は貢献した、との自画自賛が島田（2011）に記されているので、多少の成果を上げたのは事実である。

ここからの記述は筆者の解釈であるが、基本的には経営側に近い人しか調停者がいなければ、経営側はなんとか面子を保つため、解決を図りたいと思って労働側に有利な調停策を出す傾向があるかもしれない。

島田昌和の解釈は、当時の友愛会は他の労働団体よりも穏健な思想を持っていたので、この穏健団体が支援する労働争議はできるだけ支援しながら解決して、友愛会を育成したいという希望があったというものだ。

卓越した寄付金集めと東京養育院

渋沢栄一は、資本家、経営者として日本の産業を発展させた評価の高い人物であることは間違いないが、福祉事業にも熱心であったとして、この分野でもとても評価が高い。そこで彼の評価を高めることにつながる東京養育院との関係をみてみよう。

東京養育院は、1872（明治5）年に東京市内にいた生活困窮者、あるいは身寄りのない人を収容して、生活の保護を目的とする公的な福祉施設であった。ただし、設立の動機にはやや不純な点がある。

それは、ロシア皇太子が滞日するのを控え、東京の街中に数多くいた浮浪者や孤児が皇太子の目に留まるのを防ぐため、それらの人を一堂に集めて隠すという目的があった。外国の要人に日本の恥をさらしたくないための処置だったのである。

当時の日本は、明治維新を迎えたばかりで、世の中は混乱しており多くの貧困者が溢れていた。橘木（2015a）は、明治時代初期の貧困者は次の三種類であった、と分析した。

第1に、農村において飢餓が発生したときには、大勢の死者が出た。それほど貧困者は多くいたのである。一部は都市に流れて困窮していた。

第2は、都市のなかで仕事のない人々や、あるいは被差別部落民などを中心にして、一部の地域でスラムを形成しつつあった。

第3は、明治維新によって失業者、路上生活者の増加があった。

東京養育院は、これらのうち第2、第3の事情で東京市にいる人への対策であった。

ちなみに、これら貧困者を政府がどれだけ支援したかといえば、1874（明治

7）年に始まった、日本で初めての救貧法であった恤救《じゅっきゅう》規則で救われた人は、人口1万人に対して4人という極めて低い（生活）保護率であった。政府は、ほとんど何もしていない状態だったので、浮浪者・孤児が街中で溢れたのであった。そういった人が目立ったため、東京市が施設をつくって収容を図ったのである。

東京養育院の管理は、東京会議所（のちの東京商工会議所）が行うことになっていたので、必然的に、会頭だった栄一が東京養育院の院長を兼任した。栄一は自ら進んで福祉施設の院長になったのではなく、半分は義務として、その職に就いたのである。

彼が死亡するまでその職にあったことが、福祉に熱心に人生を捧げるイメージをつくり上げた側面がある。しばらくしてからは、院長職は半分は名誉職となり、実質的な管理者は彼の下にいたのである。

財界活動で多忙な栄一だったので、東京養育院を訪れるのはせいぜい月に一度ほどであった。運営に関しては、ほぼ他人まかせと言っても過言ではなかった。しかし、何か重大なことが起きたとき、例えば、建物の移転や運営を官営から民営に移すとか、その逆の動きの声が上がったときは、自らが陣頭指揮を執ることがあった。それら具体的なことは渋沢・中里（1998）から知り得る。

同書のなかにある栄一の口述によると、東京養育院には次の三種類、すなわち、

（1）子ども
（2）老人
（3）病気になって働くことのできない人

がいるとして、保護の対象に優先順位をつけた。子どもには圧倒的に棄児（捨て子）が多く、これらの子どもは栄養不足が目立つので、健全に育つために優先的に食事の供与と教育が必要であると述べている。

1885（明治18）年頃には、東京府営では怠け者に福祉を施すとそれらの人はますます怠惰になる、との意見が議会で強くなっていったが、栄一は、福祉事業は

公益性が強いから民営化するのは反対だと述べている。

そして、東京養育院は一時、民営化されたが、のちに再び東京市営となった。福祉事業は民営がいいか、公営がいいかの論議は現代でもなされることだが、既にそれは明治時代から議論されていたのである。

もう一つの栄一の大きな決断は、東京養育院への入院者が激増したため、利用者の種類別に孤児用、罪を犯した子ども用、肺結核患者用、呼吸器病患者用などのいくつかの分院をつくったことであった。組織が大きくなると分散経営の方が好ましいという、経営者・栄一の判断を知ることができる。

さらに重要な貢献は、福祉予算の少ない東京市では東京養育院の経営が困難になるので、栄一は寄付活動の宣伝・説得を大々的に行って、かなりの資金を集めるのに成功したことである。実は、この寄付金集めが栄一の最大の貢献と筆者は判断している。

例えば、1897（明治30）年の総収入のうち、実に46・3パーセントほどが寄付金収入であったことが前掲書（渋沢・中里〔1998〕）でわかる。

比較のために書くと、1892（明治25）年では9・4パーセント、1902（明治35）年では43・8パーセント、1907（明治40）年では43・3パーセントであった。寄付金のピーク時は1900年代だったのである。もとより、増加する寄付金収入のすべてを栄一の功績に帰することはできないが、音頭取りに優れた彼の才能と功績はかなりのものがあった。

ではここで、なぜ栄一が寄付募集活動に成功したかを具体的に述べておこう。

第1に、人間には見栄という感情があるのをうまく利用して、寄付をすると責務を果たしたと思わせるように説得した。

第2に、寄付を断ると世間からは冷たい人とみなされるだろう、と言葉巧みに説得にあたった。

第3に、財界のトップである栄一がまず率先して寄付を行い、それに他の財界人も従わざるをえない雰囲気をうまくつくり上げた。

近代合理主義者として、経営術にも長けた栄一だからこそ巨額の寄付を集められたのである。

自らが福祉施設を立ち上げたり、実際上の日々の福祉活動に関与するのではなく、施設事業の幹部として大所高所からの運営に多大の貢献をしたというのが、渋沢栄一の福祉分野での貢献だったのである。

では、なぜ渋沢栄一が財界のトップにもかかわらず、福祉事業にも関心を寄せたのかを知っておく必要がある。

栄一は江戸時代の老中・松平定信の行った寛政の改革を好んでいて、彼の思想に共鳴していたところがあった。松平の改革は、幕府の放漫な財政運営を是正したし、生活に苦しい農民などを助けようとして飢餓対策をいろいろと行ったのである。

これは一言で述べれば、弱者救済策とまとめればよい。栄一は貧困者を救済しないと、社会全体がダメになるし、経済繁栄の阻害要因にもなる、という松平の思想に共鳴していたのである。

評価の分かれる中央慈善協会での会長職

1908（明治41）年に発足した中央慈善協会は、福祉事業を担う人々や団体が加入して事業の連携、宣伝、調査、外部への要求などを行う組織であった。何度か組織名の変更を経て、現在でも、社会福祉法人全国社会福祉協議会として存続する組織である。これについては大谷（2011）から知り得た。

渋沢栄一は発足以来24年間にわたって、この世を去るまで会長職にあった。ただの名誉会長にすぎなかったという評価から、いやそうでない、福祉事業にとても熱心であったとの評価までいろいろである。私見を交えてこの協会を論じてみよう。

そもそも中央慈善協会は、恤救規則によって貧民を救おうとしていた政府・内務省の発想から生まれたものであった。政府が充分な貧困対策ができないので、民間の福祉事業に期待するところがあり、このような組織をつくったと解釈できる。財界総理となっていた栄一を会長職に推したのは、いかにも官僚の思想がみえみえである。

ところが栄一の方は、この仕事にかなり熱心であった。自分が東京養育院の院長であったことも理由の一つであるが、もともと経営者という資本側にいた人物にしては、珍しく労働者や貧困者の福祉向上には関心の高い人物だったから、官庁も彼を会長として推挙したのであろう。

これに関して評価はわかれる。社会福祉の専門家集団という多数派からの評価は、栄一の役割は名誉職にすぎず、実質的にはほとんど貢献がなかったというものである。あるいは財界人がこういう職にあるのは、支配階層による自己をよくみせようとするスタンスにすぎないという辛辣な左翼からの見方すらあった。こういう意見が主流派であった。

一方で少数派ながらも、栄一は社会から貧困を排除したい（彼の言葉によると防貧）という素直な気持ちをこの組織に託して、防貧策を日本で定着させるための方策の調査、提言、講習会のあり方などを考えていた、だからこそ、この会長職を引き受けたとの説もある。

筆者の解釈を提示しておこう。通常、財界の代表であれば、福祉を扱う組織の会長にはならないだろうが、それを引き受けた栄一の勇気を賞したい。

会長職なら何でも引き受ける、という名誉欲の強い人も世間にはいるが、少なくとも栄一は、観念的には貧困を排除したい、あるいは弱いものの味方になりたいという気持ちがあったことを忘れてはならない。

経営者として極端に多忙であった栄一が、中央慈善協会の会長としてどれほどの仕事をしたかは疑問である。実質的には専任の幹部が行ったと理解してよい。しかし、本人は福祉事業の大切さをいろいろなところで書いたし、発言もしているので、啓蒙という点からは会長の仕事を果たしたと評価しておきたい。

大谷（2011）によると、栄一自身は中央慈善協会はまだ所期の目的を達していない、との自己評価であったとされる。

この言葉は、会長としては多少無責任の誹《そし》りを免れない。もし彼が自分の会社（例えば、第一国立銀行）の社長・頭取で、会社や銀行の経営がうまくいっていないのであれば、必死になって経営の立て直し策に走るだろう。だが中央慈善協会では、それをしなかったということを意味する。

名誉職としての会長だったので、それをするだけの意思と時間がなかったのであろう。そういった意味では、中央慈善協会は専任で業務に没頭できる会長を選ぶべきだったのである。筆者は、渋沢は名誉職としての役割しかなかった、という多数派の意見に近い。

武藤山治と大原孫三郎

栄一と似たように、労使協調を重視し福祉事業に熱心であった二人の経営者との比較をして、栄一の特色を浮彫りにしておこう。それは、武藤山治と大原孫三郎である。なお、明治・大正時代において、一般的に日本企業の経営者が労働者や福祉の問題にどう対応していたのかは橘木（2018）に詳しい。

まずは武藤山治（1867－1934）である。鐘紡の経営者として会社の福祉活動にとても熱心であった。

ドイツの重工業企業であったクルップ社の進んだ企業福祉に感動して、鐘紡にも導入しようとした。従業員の病気、傷害、年金などのために会社内に保険制度をつくったり、社宅、独身寮、診療所などを設立したのである。これは、いまでいう企業福祉の日本での先駆けとみなしてよく、その点では高く評価できる。先にも述べたが、鉄血宰相として知られたドイツのビスマルクによる「アメとムチ」の考えに近く、福祉の提供によって従業員が一生懸命働いてくれることを期待する意図もあった。

だが武藤は、国家がこのような福祉制度をつくることには反対していたという。自社の従業員だけに福祉を施して、その見返りを期待する一面があったことは否定できない。まだ、ほとんどの企業では企業福祉は無視されていたのである。

大原孫三郎（1880-1943）は、倉敷紡績の経営者として武藤と同じように会社に福祉制度をつくって、従業員が安心して働けるような職場を提供した。

大原は、若い頃に放蕩生活をしていたが、孤児の救済に生涯をささげた石井十次と知り合ってから、彼と同じキリスト教信者になったので、大原の福祉のあり方はキリスト教的な博愛の精神の発露であったとみていい。人間は平等であるべしとの精神から労働者のみならず、すべての人間の福祉を重視する姿勢を貫いた点に特色がある。

自企業の労働者の福祉に熱心であったのみならず、地域（例えば、地元の倉敷や岡山県）の病院や、孤児院、美術館、研究所などを創設して、福祉事業に取り組んだのである。

ここで三名（すなわち渋沢、武藤、大原）を簡単に評価しておこう。この評価の違いは、多分に生年の違いが影響している。

渋沢は、福祉の見方は上から目線のもので、下の者を見放すのはいけないという考えであった。国家繁栄を最優先するためには福祉が必要という理解であった。

武藤は、経営者らしく自企業がうまく発展するための手段として、従業員への福祉の提供を考えた。

大原は、自企業の従業員のみならず、社会全般の人々を平等に扱うことを第一目的としていたので、福祉国家論の前兆がみられる。

第5章　教育への取り組み

教育者か、学校設立者か、学校管理者なのか

渋沢栄一の人生は、例えば幸田（1939）では、実業家になる前の若い時代に尊王攘夷論者として手荒い人生を送っていた頃や、一橋慶喜に仕えていた頃など、波乱に満ちた半生が文人らしく華麗に描かれた。

そして、何といっても「日本資本主義の父」となって経済界のトップにいたので、多くの企業の創設に関与し、かつ有能な経営者としての大活躍を記した書は多い。代表例として経営史家による土屋（1989）がある。

実は栄一は教育界にも関与していたが、本職ではなかったし、教師・校長として働いたこともなかったので、それほど語られることはない。もっとも校長（例えば、日本女子大学校）職のこともあったが、ほとんど名誉職で実質的な校長の仕事をすることはなかった。しかし、学校の設立には積極的に関与したし、寄付金集めに奔走したので、それらのことをここで記しておきたい。

特に栄一の関与した分野は、商業教育と女子教育、漢学教育であった。幸いに筆

者は第一に関しては橋木（2011a）、第二に関しては橋木（2011b）で研究成果を公表しているので、それなりの知識を有している。本章では栄一に焦点を合わせたい。第三に関しては町泉（2017）に依拠する。

栄一の思想の根底には

本論に入る前に、栄一がどのような教育を受け、特にどういう思想を信条としたかを述べておこう。序章でも少し述べたことなので、それと重複しないようにする。よく知られていることであるが、幼い頃の栄一は『論語』を中心にして従兄の尾高惇忠から儒学を学んだ。特に江戸幕府は孔子から始まった儒学のなかでも朱子学を幕府の存立基盤の思想としたので、栄一のような人物もこれを学んだのである。

のちに栄一は『論語と算盤』という儒教を基本にした書物を出版して、自分の企業家としての経営倫理、社会事業になぜ取り組むか、国際協調の必要性を説くときの思想的な背景が儒教にあると主張したのである。

儒教の要点は「仁」と「礼」にあると理解してよい。栄一はこれを重視するがために、のちに経営者になっても労働者と強烈な敵対関係になることを避けようとしたし、できるだけ弱い立場にいる人への配慮を忘れまいとした。そのことが、福祉事業への関与につながったのである。

例えば、「礼」は目上の人への礼節が奨励されるが、逆の発想から起こることとして、若者や女性の軽視や差別、あるいは生徒への威張りにつながるので、最近ではこの「礼」ははなはだ旗色が悪い。

ところが、江戸時代においては、封建領主や武士が身分の上に立って、部下の武士や農・工・商の人を支配し服従させる倫理として利用したのである。自由主義・民主主義の時代からすると、これは封建思想と同じであると解釈されうる。

もっとも論議を呼ぶのは、資本主義社会における経営者と労働者の関係を、儒教の立場からどう評価するかである。

中国の孔子の時代、あるいは日本の江戸時代においては、資本の所有者が労働者を雇用して事業を行う経済ではなく、大土地所有者が小作人を雇用して農業に従事させ、商工業者が存在するという経済だったので組織形態は異なっていた。そのため、儒教と資本主義を結びつけるのはそう容易ではない。

むしろ、日本の資本主義を発展せしめた論理は、特に福沢諭吉が好んだように、経済自由主義と近代合理主義（あるいは功利主義）に立脚して、産業を育成する姿であった。明治時代の日本はこの思想に共鳴したからこそ、殖産興業の道を歩んだのであった。

儒教思想は封建思想とも解釈できるので、日本の近代化にとって阻害要因にすらなるという見方が有力であった。

「道徳経済合一説」という独自の考え方

ここに、栄一による儒教と資本主義のユニークな融合がなされる。それは「道徳経済合一説」と称されるもので、生産ないし商売は関与する人々の道徳があってこそ成立するものと主張した。

すなわち道徳は、「仁徳」と解してよく、仁徳の保障が経済活動や取引の前提であると考えた。人を騙したり不正を働いたりして暴利をむさぼることを排してこそ、人々の間の経済取引は成立すると考えたのである。

これについては、すでに1776年にアダム・スミスが『国富論』を出版するのに先立って、1759年の『道徳感情論』で、経済取引には道徳が必要であると主張していた。スミスは経済学に転向する前は、道徳哲学者として大学で教えていたこともあり、資本主義経済がうまく機能するには、それに関与する人々のフェアー・プレイ（公正な取引）が必要であると説いた。

栄一がフランスに渡ったことはよく知られているが、のちに外国には五度も訪れており、イギリスもそれに含まれている。栄一自身は、さほどフランスへの言及はしていない。むしろイギリス好きでよく知られており、スミスの『道徳感情論』を知っていたかもしれない。

栄一は、学者ではなく経営者だったので、筆者は『道徳感情論』を知らなかった可能性は高いと判断している。そう考えるもう一つの理由は、アダム・スミスの『国富論』は旧い時代から知られていたが、『道徳感情論』は近年になって注目され始めた業績だからである。換言すれば、栄一の時代はスミスの『道徳感情論』はまだそう言及されていなかったのである。

むしろ筆者は、栄一が資本家、あるいは経営者としての実体験から、経済取引や商取引には道徳が必要という認識を持つに至ったのではないかと主張したい。相手を騙したり、あるいは誤報を意図的に流したり、自分を有利にするためにわいろを使ったりして、不当な利益を得るような不公正な取引をする人を排除する必要があると考えたのだ。

そういう人は経済人として失格との判断から、「道徳経済合一説」を主張したのである。学者スミスと実業家栄一の、それぞれ独立して導いた見解の見事な一致と解釈しておこう。栄一のライバルだった岩崎弥太郎は、自分の儲けのためなら何でもやったので、栄一の嫌いな人間だったことは有名である。

とはいえ、栄一はそれなりの利潤を計上して儲けることが悪いとは決して言っていない。経営者として、ビジネスを成功させることは当然とみなしており、不公正なことをしたり、悪いことをして他人や他社を蹴落とすような経営は慎むべきと言っているだけである。当然だし真っ当な言である。

『論語と算盤』

ここで、栄一の経済思想をもっとも明確に表現している『論語と算盤』を簡潔にみておこう。

『論語』は、儒教の代表的な書物であるし、算盤は数値演算のための道具なので経済計算の象徴である。自然と儒教と経済の関係を論じることになる。定説は論語の言う仁義道徳と、算盤の言う生産殖利は両立するものだし、そうせねばならないというものである。これは大筋で間違いはない。

日本では、儒教の一発展分野あるいは分派としての朱子学が江戸時代に勢いのあったことは既に述べた。幕府は朱子学の主張する主従関係の大切さを重宝して、封建領主による社会の支配を正当化したのである。さらに支配階級である武士に対しては、金銭にこだわることなく、やや誇張すれば質素な生活を送って、江戸幕府の将軍や各藩の大名に忠義を尽くすべきとした。さらに、身分制度を明確にして、商人は金儲けをする人々であるから、賤しい身分であると規定していたのである。

ところが江戸時代も中期になると、石田梅岩が出現して商人の価値を上げる思想を展開した。従来の商人に対する見方は次のようなものであった。食料や製品をつくる農民や工業者は、人々が生活に必要なものをつくるという貴重な仕事をしているのに対して、商人は農産品や工業製品をただ右から左に流すだけという作業で利潤を上げる仕事しかしておらず、賤しい仕事として見下していたのである。

石田梅岩の主著『都鄙問答』では、商人の地位をもっと上げよなどとは説かず、穏健な主張をしていてむしろ職業は天命とみなしてよいとした。

しかし、商売という行為そのものは価値あるもので、たとえ商品を右から左に流すにすぎないとしても、それで利潤を生むのであれば、それは立派な経済行為であると主張した。その行為によって人々が欲しい商品を購買でき、人々の生活がスムーズに進むのであれば、人間社会に貢献していると理解できる、というのが梅岩の主張であった。

この梅岩の思想が徐々に浸透して、江戸時代後期になると商売で成功して、裕福になった商人が出てくるようになり、幕府や大名の財政支援を行う豪商まで出現するようになった。

こうした時代背景のもとに、江戸時代末期から明治時代にかけて渋沢栄一の登場があった。

栄一は『論語と算盤』のなかで、人間が富貴を求める欲望を持つのは何も悪いことではなく、孔子はそれを否定していないと主張した。そして私（民間）が豊かになれば公（国家）も豊かになるので、国の発展につながると考えたのである。

繰り返しになるが、栄一が好まなかったことは、富貴を求める動機が強過ぎて何か悪いことをして大儲けをする行為に走ることであった。孔子は仁徳によってこれらの行為を否定したのである。


ここで筆者は、もう一つの日本特有な「清貧の思想」を取り上げて、栄一の思想と対比させてみたい。

日本では歌人の西行や良寛、随筆家の兼好や俳人の芭蕉に代表されるように、世間での栄達を求めず、経済的には質素な生活をしながら、文学など風雅に生きる人生を賛美する思想がある。詳しくは中野（1992）から知ることができる。

一見、栄一の思想とは相反するようにみえる。筆者の見方は次の通りである。清貧の思想は、文学、芸術、学問など特殊な才能を有する人にとっては、それに特化することが可能なので、お金儲けをせずとも幸せな人生を歩むことが可能かもしれない。しかし、ごく普通の人は特殊な才能を持っていないので、そのような人生を送れないかもしれず、ある程度のお金を稼いで貧乏を避ける行為は否定されるべきではない、と考える。

むしろ貧困に陥ることを避けるべく、ある程度の所得を稼ぐことは勧められる。生活に困るということは平穏な人生を送るに際して障害になるからである。清貧の思想を拡大解釈して、貧困を避けてそこその生活をできるような稼ぎはあってよしとしたい。

論点は、ある程度の所得だけでは不満足で、もっとお金を稼ぎたいと思う動機をどう評価するかである。栄一は富貴を求める欲望を否定せず、お金持ちになる行動を肯定しており、それが資本主義の繁栄につながると判断している。

でも、これをすべての人に求めるのは不可能である。能力の制約があっていくら努力しても、あるいはいくら頑張っても達成できない人もいるわけで、そういう人はそれを試みない方が幸せである可能性が高い。あるいは高い業績を上げようと思えば、ものすごく働かざるを得ず、その結果として過労死という最悪の場合もあり得る。繰り返しになるが、たとえ、そうはならなくとも働くこと以外のこと（例えば、趣味に生きる）などで人生を楽しく送れるかもしれない。

要は、自己の特質と嗜好に合致した人生を送れることが、人を幸福に導くのである。この考え方については、例えば橘木（2016）を参照されたい。

栄一の思想を筆者なりにやや拡大解釈すると次のようになる。人々は自己の能力を活かしながら、かつ努力を惜しまずに頑張れば、ある程度の成功者になって高い所得を稼ぐことができる。それらのうちのごく一部は大成功して、経営者などのお金持ちになることができるであろう。社会はこういう人がいるからこそ経済の繁栄がある。社会は、背後からそういう人を支援する必要があるが、支援の基礎はそういった者が育つことを目的とした教育の充実にあると考えた。

それこそが本章の冒頭に述べた栄一による商業教育、少し性質は異なるが女子教育、漢学教育なのである。

江戸期と明治時代初めの商業教育

江戸期の商業教育を一言でまとめれば、徒弟制度ということになる。武士ほどではないが、商人も親子間で引き継がれることが多かった。その一方で、他の職業からの転出入もかなりあった。

商人のキャリアモデルは、10歳から15歳で丁稚奉公として商店で修業を始め、15、16歳で半元服する。その後18歳から19歳で手代となり、30歳あたりで支配人や番頭となることが多かった。

そして有能な番頭は、その商店を「のれん分け」と称して離れ、自分の商店を持つこともあった。最も有能な番頭は、もしその商店に跡取り息子がいない場合には、婿養子としてその商店の持ち主の娘と結婚する場合もあった。

大阪の船場の商店では、娘が生まれたら赤飯で祝ったという。なぜなら、息子の場合は無能なことも多々あるのに対して、女の子なら有能な番頭を後継ぎにできるから、商家は安泰と思って娘の誕生を祝ったのである。

商家での訓練はいまでいうOJT（On the Job Training）が中心であり、仕事をしながら商売上の技能を磨く制度であった。

当然、上司による手取り足取りの訓練の施しもあったが、仕事をしながら自らが技能を習得するのが中心である。仕入れのやり方、どのように商品を売るか、他の商人との接し方、帳簿の読み書きなど、実際の商売に携わりながら、商取引に関する技能を向上させていくのである。

商人としての教育は、それほど高度なことは要求されず、むしろ初歩的な読み書き、そして算盤の手法で十分と考えられた。これらの教育の実践場は江戸時代なら寺子屋であり、それによって日本人の識字率の高かったことは特筆されてよい。

明治維新を迎えて、新政府は富国強兵や殖産興業の政策を採用する。そのためには人材育成がもっとも重要な政策となり、さまざまな分野で教育が始まった。そのときにどの分野の人材養成が求められ、かつ実際に養成がなされたかといえば、官僚、医師、軍人、教師、技術者であった。そして商人の養成には低い優先度しか与えられなかった。

官僚は、国の統治機構を強固にするためと、指導者の中心になり国を発展させる。医師は、伝染病や疫病が蔓延していた時代なので西洋医学の導入が急務な課題であった。教師は、国民の教育水準を高くするために必要な人材であることは言うまでもない。技術者は、国の経済発展の基礎づくりに欠かせず土木、建築、機械、電気などの専門家の養成が求められていた。

なお、当時はまだ格別のエリート校でなかった東京大学には、法、医、工、文、理の5学部が存在していた。これらの学部は、官僚や法律の専門家、技術者、医師、教師の養成につながっていることが、卒業した人の職業をみるとわかる。理学、文学を修めた人は数学、理科、国語、社会、外国語の教師になることからも、明治政府は官僚、技術者、医師に加えて、教師の養成も重要と考えたのである。

これまで述べてきたことを裏側からみると、明治政府は商業教育を重視しなかったのである。なぜ商人の養成を重要と考えなかったのであろうか。それにはさまざまな理由がある。まずは既に述べたように官僚、医師などの養成の優先度が高かったこと、江戸時代における思想が明治時代になってもすぐに消滅せず、商業は卑しい仕事という気持ちが人々の間で残っていたこと、さらに商業活動がまだ発展の途上になかったし、外国貿易の量も明治時代初期にあっては多くはなかった、ということなどがある。

商法講習所の創設

商人教育が重視されなかった明治時代初期であっても、商業が完全に無視されたわけではなかった。商業教育の始まりは1875（明治8）年の商法講習所の設立からである。この商業学校は初代文部大臣である森有礼が、大臣になる10年ほど前に、アメリカでの公使の職を終えて帰国したときにつくったものであった。

ここでは、森有礼がなぜ商業教育を推進しようとしたかに注目するが、それに加えて森の商法講習所創設に協力した富田鉄之助と渋沢栄一の役割を論じておこう。この学校については橘木（2011a）に詳しい。

森有礼はアメリカで多くの政治家、教育者と会う機会を得ると同時に、産業の実態も見聞していた。森は日本の教育政策の参考にするために、アメリカの有識者にアンケート調査を行った。

その結果を一言でまとめれば、日本の経済発展のためには商業教育、経済学の教育が重要ということを、アメリカ有識者の回答から得て、そのことを著書である〝Education in Japan〟において記述した。しかし、のちに森が文部大臣として実行した教育政策は、商業教育のことよりもむしろ国の指導者を養成するエリート教育機関（すなわち東京帝国大学）と、それの準備段階としての中等教育の整備に関心が移っていったといえる。商業教育の設立には他の人の協力が不可欠であった。

そう解釈する一つの理由は、商法講習所の設立に際して森に協力した富田鉄之助の存在である。富田が学んだアメリカ・ニューヨークにある商業学校の校長であったウィリアム・G・ホイットニーが、招聘《しょうへい》に応じて東京の商法講習所の教員として着任したことで、実質的なスタートができたのである。

もう一つの理由は、森がワシントンでの外交官生活につまずいたことと関係する。

どういうことかと言えば、森の外交官としての仕事の一つが、岩倉使節団を迎えて当時の諸外国との不平等条約の是正を図ることであったが、その政策を巡って森が使節団のメンバーと争いを始めて、人間関係が不和となったのだ。

具体的には、使節団の代表的メンバーの木戸孝允や留学仲間だった吉田清成（大蔵少輔）と不仲になり、森の立場が弱くなった。森はこのことで外交官の職を辞するため辞表を提出し、１８７３（明治６）年7月23日に帰国した。ところが結局、辞表は受理されなかった。とはいえ、彼の外交や政治の世界での発言力は弱まり、商業教育を日本で起こす政策は森自身の発想だけでは簡単に進まなくなった。

森には、官立学校の設立が不可能と思われたので、東京府知事の大久保一翁に相談して、私立学校としての認可を知事から受けようとする。

この認可運動を助けたのが慶應義塾の福沢諭吉であり、財政支援をしたのが、府知事の諮問機関で東京会議所の実質的な責任者である渋沢栄一であった。知事の大久保は当時の学問の世界での重鎮である福沢諭吉と、財界の大物である渋沢栄一の支持を背景にして、森有礼の私立商業学校の設立を認可する。

栄一は、自分から進んで商法講習所の設立に取り組んだわけではなく、たまたまそのときに東京会議所の実質的な長であったからである。三好（2001）によると、栄一は森有礼の特異な性格を嫌っていて、設立に消極的であったとされる。立場上から協力せざるを得なかったのである。その協力の方式は、彼の得意な寄付金集めという姿でなされた。

商法講習所での教育と経営形態

商法講習所の設立は1875（明治8）年9月24日で、銀座尾張町二丁目に開校された。ちなみにいまの一橋大学は、この日を創立記念日としている。しかし次に述べるように、この学校では商業教育の目的や教育方法に関して混乱がみられた。『一橋大学百二十年史』（一橋大学学園史刊行委員会〔1995〕）では、商法講習所が設立する前に森有礼とホイットニーが教育方針を巡って対立したことが示されている。ホイットニーはアメリカでの商業教育の目的が、読み・書き・計算のできる中級程度の実務家の養成にあったので、それにふさわしい教育を日本で実行することを考えていたが、森はそれよりも一段上の実務家の養成を目指していた。のちに、1878（明治11）年にホイットニーは解雇されることになるので、森の教育方針が徐々に優位となる。

なぜ森は、このような考え方を持っていたのか。

幕末から明治時代初期にかけての外国との貿易は、外国商人にほぼ独占されていて、日本人が関与できる状態ではなかった。当時の貿易では、日本の商人は輸出品を直接輸出できず、外国貿易商人に売るだけにすぎなかった。一方の輸入品も外国から直接輸入できず、外国貿易商人から買い取らねばならなかったのである。こういう貿易形態であれば、貿易は外国商人の主張する売り値、買い値で取引されるし、輸出入の取り扱いも基本は外国商人の独占となっていたのである。当時の日本からの輸出品は、生糸、茶、海産物などであり、輸入品は、綿織物、毛織物、砂糖、武器、艦船などであった。

商法講習所の開設を応援してくれた福沢諭吉が、「商学校ヲ建ルノ主意」で主張したように、森は外国貿易において、外国人と対等に従事できるような高度な人材を商業教育で育成する考えを持っていたのである。

その当時、治外法権などを認めた不平等条約の時代だったので、悪徳外国商人も横行していた。福沢や森は、そういう外国商人と正当な取引ができる商人の養成が必要と考えた。従って開設当初の商法講習所では、簿記、英語、算術、地理などの科目が教えられた。特に英語を重視した。

ちなみに森は、「日本の国語を英語にせよ」とまで主張した、過激な思想の持ち主であった。フランスにいたことはあるとはいえ、『論語』のファンだった栄一が、森を好ましく思わなかったのも理解できる。とはいえ、外国人に独占されていた外国貿易をどうにかしなければならないという思いは同じであった。

１８７５（明治8）年の9月に設立された商法講習所は、わずか2か月後に森有礼が再び外交官になるように要請されたので、東京会議所の渋沢栄一に依頼して、私立校から東京会議所に移管された。

さらに東京会議所が解散したため、商法講習所は東京府に移管されて公立校となった。校長は矢野二郎が同年に就任した。任期途中に一時期離れることもあったが、この学校の校長を、1893（明治26）年まで務めるので、実に約18年間にわたって商法講習所から高等商業学校に至るまで校長だったことになる。一橋大学の初期の時代にあって矢野の役割は大きかったのである。

矢野二郎という人物

矢野二郎（1845－1906）の経歴は興味深いので、細谷／如水会（1990）に即して彼の人生を辿ってみよう。

幕府の御家人の次男であったが、若い時に父母が亡くなり、生活は苦しくなる。しかし勉学熱心な矢野は自学自習し、外国への関心が高かったので、その後、英語を勉強してから幕府の通訳としての仕事に従事した。英語を森山多吉郎に学んだが、そのときの同門に、のちに三井物産社長になる益田孝がいた。益田はのちに矢野の義弟となる。その間、ヨーロッパへ通訳として同行し大きな影響を受けて、森有礼ほどではないが欧化主義者になっていった。

明治新政府ができると、彼は外務省の二等書記官に任じられて、ワシントンに赴任することとなった。そのとき富田鉄之助は、ニューヨーク副領事だったので、代理公使だった森有礼と矢野の三人がアメリカで会い、商法講習所の設立について話し合いを持った可能性はある。

矢野は、1876（明治9）年2月に帰国して外務省を離れて野の人となる。そして、すぐに矢野に対して、東京府から商法講習所の校長職の声が上がった。東京会議所の会頭であった渋沢栄一は、副会頭の益田孝と相談して校長職を矢野に決めたという。矢野は、商法講習所が高等商業学校となってからも校長を続けていたが、この学校の教育方針を巡って学内が大きな抗争の時代に入った。それが、1890（明治23）年の頃のことである。

学問中心か商業実務中心かの対立であり、前者を「書生派」、後者を「前垂派」と呼ぶこともある。商法講習所以来の校長である矢野二郎は、彼の長い商業学校の校長としてのキャリアから前垂派であった。本人の主義・主張というよりも、長い商業教育者としての経験から、高度で学問的な商業教育よりも実用教育を重視する姿勢を好んだと想像できる。結局、矢野は1893（明治26）年に校長職を降りた。

話題を商法講習所の形態について戻すと、私立ではやっていけないので、東京府の公立学校になっていたが、商人の養成にまで税金が使われることはおかしい、という声が府議会のなかで上がるようになった。

例えば、外国人教師による英語の授業などは必要ない、といった意見である。このような批判の声に応じて、商法講習所の予算はかなりの額が削減されることもあった。何年間かにわたるこのような風向きのなかで学校の経営は苦しくなり、ついに1884（明治17）年に東京府の公立校から農商務省の官立学校に移管され、学校名も東京商業学校と変更された。教育全般を管轄したい文部省は当然のごとくおもしろくなく、農商務省と文部省は対立の火種を抱えた。

両省の駆け引きを述べる前に、東京商業学校の社会的な地位の低さを理解しておこう。それは細谷／如水会（1990）によって記述されている。当時、明治政府は富国強兵策の一環として、徴兵制を導入していた。国民皆兵を原則としていたが、実態は各種の免役条項を持っていた。

当時は、各省庁の付属学校の工部大学校、駒場農学校、札幌農学校、司法学校は官立学校に準ずる学校として兵役は免除されていた。農商務省管轄の東京商業学校も、これらの学校に準ずるように兵役免除の適用を願い出たが、結局、それは成功しなかった。

細谷新司の言葉を借りると、「東京商業学校の位置づけ（学校の公威）は、政府からみればこの程度に低かったのである」ということになる。商人養成が軽くみられていたことが、徴兵免除のことからもわかる。

同じようなことは、当時の文学作品からもよくわかる。明治の文豪・夏目漱石の処女作『吾輩は猫である』のなかで、「僕は実業家は学生時代から大嫌いだ、金さえ取れれば何でもする」と主人は話している。高等遊民であることを自他ともに認めていた漱石なので、彼のこの記述に関して多少は割り引かねばならないが、商人や経済人を蔑視する風潮は、漱石のみならず明治時代の一般風潮としてあったのである。

これらの風潮に異議を唱えていたのが栄一であることを、ここで再述しておこう。

富貴を求めることが会社、ひいては国の経済の発展に寄与すると信じていたのである。文人と経済人の志向の違いは当然かもしれない。

ここで、１８８４（明治17）年5月に駐英公使だった森有礼が帰国し文部省に入省したのである。

文部省の幹部となった森有礼は、文部卿の大城喬任に、東京商業学校を農商務省から文部省管轄に移すことを進言した。彼は１８８５（明治18）年12月に伊藤博文内閣で初代文部大臣となり、翌年には「帝国大学令」を発して東京大学を帝国大学として新発足させた。その後、矢継ぎ早に「師範学校令」「小学校令」「中学校令」を公布して、日本の近代教育の基礎をつくったのである（詳しくは橘木〔2009〕参照）。

東京商業学校もこの改革のなかで、同年10月には、現在の一橋大学という名前の起源になっている神田一橋の地に校舎を移す。そして2年後の87年には、校名を高等商業学校と変更し、専門学校として格上げした。

森の場合には、商業学校や高等商業での教育は有能な実務家を養成することであって、社会の指導者、例えば、官僚などは旧制の高等学校や帝国大学で育てられるものと考えた。やや誇張すれば、のちの一橋大学を指導者養成所とは考えなかった。官優先、民卑下の思想が森にはみられる。この考え方を栄一が好まなかったことは有名である。

一時は大蔵省に勤めたにもかかわらず、東大・官僚嫌いの栄一であり、官立の東京高商ではあったが、商人やビジネスマン養成の学校には愛着心があった。のちに東京高商が大学（東京商大）に昇格する運動が起きたときも、栄一は積極的に支援するのであった。とはいえ、東京帝大・官僚というエリートを好まなかった栄一ではあるが、東京高商・東京商大卒業生はビジネスマンエリートとして、育っていくという歴史上の皮肉は無視してはならない。

明治時代の女子教育

明治維新後に女子の教育は学校という場においての制度のもとで行われたが、それ以前は主として家庭内で実践されたものである。「内」を治めるための具体策は、女性が縫物、織物、洗濯、炊事に強くあらねばならない。しかし、できれば文字の読み書き、計算などにも習熟していることが望ましく、かなりの女子が寺子屋に通った。明治時代以降の女子教育の進展については橘木（2011）に詳しい。

明治維新は、文明開化を含む近代国家への道を歩んだ。その一つの分野が教育制度の改革である。1872（明治5）年に学校制度を実施することを宣言し、小学校教育をできれば全ての児童に受けさせようとした。国を豊かにするためには有為な国民を育てることが肝心であり、その第一歩のためにも教育が必要であると考えたのである。

江戸時代と異なる点は、男子のみならず女子に関しても教育の必要性を尊重したことにあり、女子も男子と等しく教育を受けねばならないと新政府は考えた。江戸時代にあっては、母親が子どもの教育に果たす役割はしつけなどを除いて無視されていたが、明治時代に入ると家庭において子どもを育てるのに、賢明な母親がいれば子どもの教育はうまくいく、という認識が高まってきた。次世代の子育てや教育に役立つと考えられるようになったのである。

しかし、女子の教育は表１の統計で示されているように進まなかった。いろいろな理由が考えられる。

表１　明治初期の男女別・小学校就学率（%）

年度	男	女	平均
明治 6	39.9	15.1	28.1
7	46.2	17.2	32.3
8	50.5	18.6	35.2
9	54.2	21.0	38.3
10	56.0	22.5	39.9
11	57.6	23.5	41.3
12	58.2	22.6	41.2
13	58.7	21.6	41.1
14	60.0	24.7	43.0
15	64.7	31.0	48.5

出所：『学制八十年史』（1954）

第１に、幕末から明治時代の初期にかけては、日本人の貧困は深刻だったので、子どもが労働力として期待されていた。明治時代の初期では、小学校という初等教育であっても学費を払う必要があったので、貧困家庭にあっては子どもを学校に通わせることは経済的に困難であった。

第２に、女子の教育は家庭でなされるべきという慣習がまだ有力であったり、その内容も家事、特に裁縫や料理などが中心と考えられていた。

第3に、明治時代初期においては「男女7歳にして席を同じくせず」の封建的かつ儒教的な思想が有力だったので、女の子を男の子と一緒に勉強させることに、親の間でためらいがあった。これは女子に学問の必要なしとの思想と共通した理由と考えてよい。

中等教育に関しては、1899（明治32）年に高等女学校令が制定され、男子の中等学校に対応する学校制度が公式に認定された。中学校令は、初代の文部大臣であった森有礼によって1886（明治19）年に制定された男子の中等教育用のものであり、女子の中等教育は男子より約13年遅れて公式な学制となったのである。

表2は、1886（明治19）年から1897（同30）年までの、高等女学校数とそこで学ぶ生徒数の推移を示したものである。変動はあるが両者ともに極めて少数であった。その後の高等女学校令の制定後は、女学校進学率は1905（明治38）年の2パーセントから1945（昭和20）年の25パーセントまで増加している。当時の女子中等教育の一つの特色は、ミッション・スクールの人気の高さであったが、

ここでは深く追求しない。

高等教育に関しては、良妻賢母像が明治時代を通じて有力な規範だったので、女子の高等教育は浸透しなかった。もとより江戸時代にあっては、農業や商業に従事する女性は多くいたので、労働力として女性がいなかったわけではないが、明治時代に入ると工場やその他の職場で働く女性の登場があった。

さらに明治時代の中期になると電話交換手や、女教師、看護婦という職業が女性の従事するものとなった。ここでもっとも重要な職業は女教師であり、女子の高等教育を語ることは女教師の養成と密接に関係しているのである。

表2　高等女学校の学校数・生徒数

年度	学校数	生徒数(人)
明治19	7	898
20	18	2,363
21	19	2,599
22	25	3,274
23	31	3,120
24	29	2,768
25	27	2,803
26	28	3,020
27	14	2,314
28	15	2,897
29	19	4,152
30	26	6,799

出所：『学制八十年史』(1954)

これが、小学校教員の養成を目的とする「東京女子師範学校」が1874(明治7)年に創設された理由である。

1886(明治19)年に森有礼文部大臣

による「高等師範学校令」によって、女学校の教師を養成する高等師範学校の女子科の創設が実現した。

女子教育の思想

明治時代に女子教育がどのように発展してきたのかを、小学校、高等女学校、専門学校などを通してごく簡単にみてきたが、教育制度をつくったり発展させるには、思想や言論がそれなりの役割を果たした。

ここで女子教育に関して、明治時代の思想家や教育者がどのようなことを主張していたかを簡単に論じておこう。

その走りは、大衆向けの啓蒙を行う学界組織の「明六社」に参加した人々を中心にして、女子教育が論じられた。「明六社」は、既に登場した森有礼らが創設し、加藤弘之、津田真道《まみち》、西周《あまね》、福沢諭吉、中村正直、西村茂樹などの思想家、教育者が集まっていた。加藤ら前の三名はのちの東京大学を代表する官僚学派と称してもよい学派で、福沢らあとの三名は民間人ないし東京大学とは無関係の人といってよい。

「明六社」は機関誌である『明六雑誌』を発行したが、1873（明治6）年からわずか2年で終了した。ここで列挙した幾人かは、その後も別の場で女子教育論を展開した。ここでの記述は『明六雑誌』以外の場所で発表した主張も取り上げる。

（1）森有礼

森は「妻妾論」によって、日本の風俗が男性をして妻以外に妾《めかけ》をおくことを認めているという事実を嫌悪し、一夫一妻制を主張して女性の地位を高めようと主張したことは有名である。これに対して「西洋かぶれ」という批判も受けたが、女性蔑視の風潮を改めようとしたことは評価できる。

ここで皮肉を述べれば、商法講習所をともにつくった渋沢栄一とは女性観が正反対であった。栄一は妻と妾を同じ家に住まわせるという離れ業をしていたこともあったので、森の信条とは異なった。この二人はこれを巡ってケンカはなかったけれど、女性観の違いからも二人はそりが合わないことはわかる。

(2) 福沢諭吉

福沢は明治時代を代表する啓蒙思想家であるのみならず、慶應義塾の創設者としてもよく知られている。当然のごとく女性、あるいは女子教育に関して持論を展開している。

明治30年代になると、福沢は具体的に女性の権利を高めることや、女性が自由な生き方をするための手段を勧めるようになる。女子教育に関しては、女子も男子と同じように体育の教育をしっかりして丈夫な身体にするとか、実学を尊重した福沢だけに、学校では女子にも読み書き以外に家事・裁縫プラス家計を切り盛りするための出納や勘定も教える必要があるとした。さらに女性が権利意識を持てるように、経済と法律の基礎知識も教えて、社会的に無力な人間にならないようにすることが肝心とした。

家庭に関しては、当時は親同士が結婚相手を決めていたが、珍しく、結婚は本人の自由に任されるべきだし、一方で結婚に過大な期待をしてはならぬとしている。

「二夫に見《まみ》えず」という因習にとらわれず、夫に先立たれた40歳以下の女性は再婚すべし、と主張している。さらに、若い夫婦が夫の親と同居すれば何かと問題も生じるので、できれば別居が好ましいとしている。

とはいえ、実学重視の福沢であってもいわば性別による役割分担における女性の家庭での仕事を、女性にとっての実学と考えていた節もある。現代のように女性も職業人となって独立の経済人となるような教育を受けよ、といったことまでは主張しなかった。

（3）西村茂樹

西村茂樹はどちらかといえば儒教的な思想に近かったので、男女平等論には基本的に同情していたが与《くみ》しなかった。むしろ、例えば鹿鳴館時代の女性のように「西洋かぶれ」した姿を批判し、欧米の模倣を嫌った。女性の風俗が乱れがちであることを憂い、日本女性の従順、清貞、慈善の情などを重視する女性を理想と考えた。

（4）中村正直

イギリス留学の経験のある中村は、功利主義の思想に共鳴していた。中村の女子教育理論は、政府が知育を中心にしていたのに対して、徳育あるいは宗教教育を中心にすべし、と考えたことにある。

女性は母になるのであり、その子どもの精神は母のそれを受け継ぐことから、「善き母」すなわち宗教と道徳に優れた人でなければならないとした。中村がクリスチャンであることとの影響が出ており、愛情豊かな人間性の深い女性が望ましい母になれると考えたのである。

以上、「明六社」のメンバーであった四名の思想家の女子教育論を簡単に論じてきた。女子の教育に際しては知育（すなわち学業）を重視する人、あるいは徳育を重視する人の違いがあるし、女性像に関しても妻の役割か、それとも母の役割を重視するのか、論者によって微妙な違いがある。とはいえ、良妻賢母の思想に大なり小なり近かったことは、ほぼ全員がそうである。

巌本善治と成瀬仁蔵

巌本善治と成瀬仁蔵は、明治時代中期の女子教育論を二分する論客なので、ここで二人を対比させて論じてみたい。二人にも共通点はあり、それはともにクリスチャンであった（ただし成瀬はのちに離脱する）。

明治女学校の二代目校長だった巌本の主張を一言でまとめれば、「女子は男子と同じく人間なのであり、女子教育はまず人間としての教育でなければならない」と要約してよい。すなわち男女は平等であり、決して男性と差別されてはならない、というのが彼の原則である。しかし当時の社会を反映して、巌本とて女性の特殊性をまったく無視したのではなく、ある程度女子のための教育のあり方を容認している。

一方の日本女子大学校の創設者・成瀬の思想は、やや誇張して一言でまとめれば、「女子も男子同様に人間であることは確実とはいえ、女子特有の性質や役割を考慮することも大切なので、女子だけの教育があってしかるべき」、ということになろうか。

成瀬は巌本よりも現実主義者といってよく、当時は儒教的な教育論が再び台頭していたし、キリスト教による女子教育への批判もあったなかで、それに半ば迎合するかのように、彼は良妻賢母論を展開して、女性の役割に合致した女子教育、特に女性の高等教育の必要性を説いたのである。

成瀬仁蔵・渋沢栄一と日本女子大学校

女子高等教育機関の代表として、成瀬仁蔵が創設し、のちに渋沢栄一が校長になる日本女子大学校を論じておこう。

成瀬は、1858(安政5)年に周防国(現・山口県)の吉敷村(現・山口市吉敷)で長州藩士の長男として生まれるが、経済的に苦しかったという。

長州藩は、明治維新の頃に大活躍する偉人を多く出したので、そこに育った若者は立身出世を夢見る風潮が脈々と流れており、成瀬もそれに続きたいと思ったとしても不思議ではない。

教員になるべく教員養成所（のちの師範学校）に１８７２（明治５）年に入学して卒業し、故郷の小学校で教員・校長をしばらく務める。転機は同郷の先輩・沢山保《さわやまぼう》羅《ろ》に大阪で１８７７（明治10）年に出会うことで起こる。アメリカ留学後にキリスト教信者となった沢山に感化されて、成瀬もキリスト教信者となる。１８７７年の夏に山口から大阪に出てきて、その年の11月に洗礼を受けるのであるから、やや早急な判断のようにも映る。

のちに成瀬は日本女子大学校の創設に走る頃にキリスト教を離脱するし、晩年になってから「帰一協会」という新しい宗教に帰依する。信仰心が薄かったとまではいわないが、何のためのキリスト教への入信であったのだろうか、という疑念がある。

成瀬は大阪に出てから梅花女学校での教員、奈良県の大和郡山市での牧師、新潟での布教活動と新潟女学校での教員、男子校である北越学館の創設に関与するなど、数年間という短期間の間に、さまざまな職場と地域を経験する。すなわち転々とする生活を送ったのである。

二度目の転機が成瀬に訪れる。1890（明治23）年、アメリカへの留学を32歳の時に果たす。普通の人よりかなり年齢が過ぎてからの留学であるが、人生を大きく変えたいとする熱望からの決意だったと思われる。

1894（明治27）年に成瀬は帰国すると、望まれてかつて教鞭を執ったことのある大阪の梅花女学校の校長となるが、わずか2年で辞職する。その頃に『女子教育』を出版、成瀬が本格的に女子の高等教育機関を創設することを宣言する書でもあった。

まず成瀬の『女子教育』を吟味しておこう。世論を喚起して、女子大学校の創設への支持と募金を仰ぐ書なので、やや宣伝めいた書物でもあるが、成瀬の女子教育への思い、主義が書かれているので有用である。特に女子に関しては次の三つを基本とすべきと説く。すなわち、

①普通教育、あるいはリベラルアーツ（教養）を中心に人として教育する。

②女子は妻となり、母となるのであるから、ふさわしい妻と母になれるように、

婦人として教育する。

③女子とて有為な国民として育つことが国の発展につながるので、国民として教育する。

これら三つをまとめれば、人として、婦人として、国民としての教育を行うと主張しているのである。さらに、これらに加えて、智育、徳育、体育の三育についても説いたのである。

成瀬の書物では、この三つのうち、その重要さの順位として①、②、③の順を挙げているし、青木（2001）にあってもこのことを強調しているが、基本思想としては良妻賢母主義を頭に描いていたことは確実である。これは既に述べた巌本善治の女子教育思想よりも、良妻賢母を尊ぶ感情が強く出ており、そのことがここでもうかがえる。

むしろ筆者は、成瀬がキリスト教信者であっても、例えば同志社の新島襄などのキリスト教重視のように、教育における宗教の重要性を説いていないことに注目したい。繰り返すが、成瀬はのちに実質的にキリスト教から離脱するし、創設される日本女子大学校は宗教とは無縁の学校を目指すのである。

成瀬の真骨頂は、日本女子大学校の創設にあたり、幅広く募金を集めたことと、学校の宣伝活動のために、当時の政財界の大物に接近して、大変な努力をしたことにある。私学なので自己資金が必要で、資金集めのために強引な手法を取ることもあった。

成瀬は自著の『女子教育』を携えながら、女子高等教育の必要性を訴えてまわり、大物からの支援を仰いだのである。

そして、当時の政財界のほとんどの人を賛同者として、資金を集めることに成功した。多くの人が賛同者として名を連ねたが、次の一部の名前を知ることによって、その凄さがわかる。

伊藤博文、渋沢栄一、大隈重信、藤田伝三郎、西園寺公望、板垣退助、山縣有朋、近衛篤麿、大倉喜八郎、三井家、岩崎家（三菱）、住友家などである。

第1回の創立委員会は、大隈の外務大臣官邸で行っているし、発起人大会には3

50名も集っている。これだけの大物の支援と寄付があって、1901（明治34）年に学校の開業にこぎつけることができた。修業年限は3年、220名の学生でスタートした。また家政、文学（国文）、英文、英文予科の4学科が設けられた。

とはいえ、成瀬の運動には相当の抵抗や批判もあった。青木（2001）によると、突飛なことを計画する夢想家、ホラを吹く山師、金や権力に媚びる偽善者、人気取りなどという中傷に遭遇している。成瀬の派手な学校設立運動への反感もあったのである。

ここで渋沢栄一と日本女子大学校との関係である。西園寺公望が発起人、大隈重信が創立委員長、栄一が創立委員兼会計監督だったので、数多くいる重鎮の支援者のなかでも栄一の役は重要で、寄付集めと会計の責任者とみなしてよい。寄付金集めの得意な彼の面目躍如である。しかも晩年には第3代校長にまでなっているので、同校との縁は深い。しかし校長とはいえ、名誉校長みたいなもので、実質的な校長は別の人がいた。

三好（2001）によると、栄一は女子高等教育に定見《ていけん》を持っていなかったし、むしろ半信半疑の心境にいたことを自身が告白している。すなわち、女子に高等教育が必要とは思わず、女性が社会に出て働くための学識なり技能を蓄積すべきとは考えていなかった。

三好（2001）が記述しているように、成瀬から栄一が寄付のお願いを受けたとき、当時、栄一が関与していた女学館の経営がうまく進んでいなかったので、女子のさらなる高等教育は必要ないと思っていたし、経営も困難と予想して否定的であった。では、なぜ栄一が創立の委員と寄付金集めを引き受けたかといえば、二つの理由がある。一つは三好信浩が述べるように、大物政治家である大隈重信と関係がよかったので、彼の説得があった。もう一つは財界の実力者として寄付金集めが得意なことから、応じたのではないだろうか。大隈、渋沢などを動かした成瀬の政治力の凄さに感服するが、これに対しては批判のあったことは既に述べた。

栄一の女子高等教育への見方はどうであったろうか。一言で要約すれば、良妻賢母論が好みであった。当時は一部を除いて政界、財界などの、指導者層と識者の見方は女子がキャリアを全うする生き方よりも、良き妻・賢い母が女性の理想像だったので、別に栄一の意見が特殊であったわけではない。当時のほとんどの男性、そして多くの女性ですら良妻賢母論支持だったのである。

日本女子大学校も家政科が重要な教育科目であったし、文学（国文）、英文という文学系を中心にした科目でのスタートで、実業界に進出するような教育を行わなかった。

日本女子大学校は、平塚らいてう（1886-1971）という現代でいうラディカル・フェミニストを生んだ。『青鞜』という雑誌の編集者となり女性解放などの論陣を張った女性である。平塚は、校長・成瀬が政界・財界の大物にぺこぺこしている姿を批判していたのである。これを気にしてかどうかはわからないが、栄一は平塚らいてうのことをよくは思っておらず、あのような女性を生む教育をしてはならぬ、と述べているので、らいてうを評価していなかったことは確実である。

どのような書物に影響を受けてきたか

渋沢栄一の思想は、講演集の『論語と算盤』や『論語講義』で代表されるように、利潤を追求する企業人の活動は何も恥じる必要はないが、そこには道徳の必要なことを主張していた、と本書では何度も述べてきた。

この思想は、漢学者である三島中洲《ちゅうしゅう》の「義利合一論」、すなわち「義と利の一致」「道徳と経済の一致」に基礎を持つものであるとされる。もとより孔子に起源を持つ儒教が出発点であるが、では、具体的に栄一がどういう書籍から影響を受けたかが関心となる。

それに対する解答は、まずは濱野（2017）が、栄一が頼山陽の『日本外史』からの影響を受けたと説いている。8代将軍・徳川吉宗の孫にあたる松平定信が、儒学、特に『論語』の教えを政治に活かそうとした点に注目したのである。「寛政の改革」の実行者であった定信の政治に栄一が尊敬の念を抱いたのであった。

次に桐原（2017）が明らかにするように、栄一の『論語講義』は漢学塾・二松学舎（のちの二松学舎大学）を創設した三島中洲の依頼を受けて、同校から出版されたものである。栄一の口述を二松学舎の尾立維孝《おだてこれたか》が記述した書物である。道徳論を説いたものであり、ビジネスの世界における道徳の重要性を説いたものと理解してよい。

さらに栄一が、どのようにして儒教あるいは漢学の普及に務めたかが、町泉編著（2017）の論考を読むことによって知ることができる。特に二松学舎の三島中洲との関係は重要であり、栄一は二松学舎の支援を行っていたことがわかる。

第6章　経済政策と民間外交

鉄道業における民か公か

渋沢栄一がフランスで学んだことは、経済発展のためには株式会社、銀行、鉄道が必須ということだった。ここで、日本の鉄道業に栄一がどのような貢献をしたのかを検討してみよう。鉄道史に関しては老川（1996）を参照した。

よく知られているように、1872（明治5）年に新橋・横浜間に日本最初の鉄道が開通した。民間資本がまだ成熟しておらず、国家が先頭にたったのは、当然の成り行きであった。外国資本による事業ではなく、資金は外債の発行によって調達した官営の鉄道会社であった。

名称はともかく、日本の鉄道業は国有鉄道（国鉄）としての出発で、鉄道技術と車輛はイギリスから導入した。さらに、乗客のみならず、原材料や製品の輸送に役立つ鉄道業の発展が期待されたし、ビジネスとしても将来性がある業種とみなされ、各地で鉄道会社の創設が企画された。

有名な試みは、1875（明治8）年の東京鉄道会社の設立で、第一国立銀行の頭取であった栄一に資金の相談があった。公営を好まず民営がふさわしい形態と考えていたが、まだ当時は民営鉄道会社は準備不足だったので、官営の東京・横浜間の鉄道を東京鉄道会社に払い下げてスタートさせる案が検討された。

しかし、これは失敗に終わる。栄一にとっては珍しい失敗経験の一つと理解してよいかもしれない。

時代が進むにしたがって、鉄道需要は高まり資金供給も豊富になったので、私鉄と国有鉄道の双方で発展がみられた。私鉄であれば、五大私鉄（北海道炭鑛鉄道、関東地方における日本鉄道、関西以西の山陽鉄道、関西鉄道、九州鉄道）と称される鉄道会社が設立されたし、国鉄では1889（明治22）年に東海道線が開通した。栄一自身も日本鉄道、北海道炭礦鉄道などの設立に発起人や取締役として関与している。

ところがである。1890（明治23）年、1898（明治31）年、1900（明治33）年の恐慌の発生時に、鉄道会社も不況の影響を受けて経営が苦しくなる。公営だけに倒産を避けられる国鉄の現状をみて、経営不振の私鉄会社は国有化を望むようになった。しかし買い上げ希望は国によって却下された。国鉄自身の経営も順調ではなかった上に、当時は日露戦争の準備を控えて軍事支出の増大が予想され、国は私鉄を買い上げるだけの財政的な余裕はなかったからである。

もう一つ国有化希望の理由として、島田（2011）が興味深い指摘をしている。すなわち、不況によって低迷する鉄道業の株価の上昇を狙った投機的な要望が、雨宮敬治郎や井上角次郎といった鉄道資本家からなされていたのである。さすがに、このような声に政府は聞く耳を持たず、既に述べた理由、すなわち財政的な余裕のなさが最大の理由でもって国有化はなされなかった。

とはいえ一方では、財界筋の人々（例えば、渋沢栄一や三井中興の祖・中上川彦次郎など）は公営の鉄道会社は経営効率が悪いとして、常に民営化論を主張していた事実を忘れてはならない。

日露戦争に勝利はしたが、軍部は兵員、武器、物資の輸送は私鉄網だと非効率と認識し、国鉄に一本化した方が効率的な輸送ができると判断するようになっていた。

さらに、政府・軍部は将来のことを考えると、朝鮮や満州の鉄道網も国有の方が輸送に便利と考えるようになっていたのである。

この右傾化しつつあった政府の意向と、経営不振の私鉄救済のために、遂に１９０６（明治39）年に鉄道国有法は公布され、多くの私鉄が国によって買収されたのであった。買収前の国鉄は約２６００キロメートルの営業路線だったところ、国有化後は７１００キロメートルまで増加したので、効果はとても大きかった。

この国有化によって得をしたのは、私鉄株を保有する人々であった。これは桜井（1986）によって指摘されていることである。なんと額面価格の2倍の株式買収だったので、政府・資本家が一体となっての金持ち優遇策であったとも解釈できる。先程述べた投機的な鉄道資本家の要望に屈したと解釈できなくもない。

ここで述べた鉄道国有化の論議の際、栄一はどのような態度でいたかは島田（2011）に詳しい。主義として経営効率性の悪い公営企業を原則として好まない栄一ではあるが、東京商業会議所の会頭という財界総理の立場であっても、国有化論に抗しきれなかったのであった。東京商工会議所のメンバーでもあった鉄道資本家による、私鉄を倒産させてもよいのかという声に押されたが、私鉄の救済策には強烈に反対しなかったのである。

あえて弁護すれば、ここは会頭として独裁的な行動をとらず、数社でも私鉄を残すことによって、日本の資本主義を崩壊させてはならない、という資本家の論理を栄一は優先したと解釈しておこう。

そこで次善の策として、国有化ではなく私的企業が外債を発行して、資金を調達する案を支持した。それが1905（明治38）年の鉄道抵当法の成立で、私鉄会社は自社の持つ種々の資産を担保にして債券を発行できる法律であった。栄一はこの法律によって私鉄の国有化は避けられると思っていたが、結局、既に述べたように1906（明治39）年の鉄道国有法が成立し、鉄道抵当法による外債期待に依存する民営鉄道策は消え去ったのである。

栄一は国有化後であっても、国有化は間違いであったと公言しているので、あくまでも本心は公営企業に否定的だった。

軍事費の拡大には反対であった栄一だが

1895（明治28）年に日本は日清戦争に勝利して、下関条約の締結によって2億両（約3億6000万円）の賠償金が日本に支払われることになった。

この賠償金をどのように使うかが経済政策の課題となった。その担当者は松方デフレ策で有名な松方正義大蔵大臣であったが、緊縮財政のもとで今後も増額が予想される軍事費支出の拡大のための財源に賠償金を用いる、さらに過去の軍事公債への償還にも賠償金の一部を用いるという策であった。

しかし、この策は伊藤博文内閣のなかで支持が得られず、松方に代わった渡辺国武大臣は軍事支出の拡大策と同時に、産業政策の拡大も主張し、軍事産業と一般の産業の双方に賠償金を用いるという策を示した。結局、最終的には賠償金のほとんどが軍事費として使われたが、軍事費の拡大を主とするか、または産業政策の拡大を主とするか、という財政支出の中身に関することも論点となったのである。

この論争における栄一の主張は、賠償金を軍事費支出の財源とせず、むしろ経済発展をもたらす産業政策の財源に用いるべきとのものであった。財界人の一人としての栄一は、彼の一生を通じて軍事費支出の拡大策に反対を公言しているので、その点は評価したい。

とはいえ、日清・日露の戦争、満州や朝鮮への軍事進出、そして最後は太平洋戦争へと突き進む日本の軍国主義の動きに対して、軍事費支出の増加策に否定的な経済人の栄一だったが、政治家・軍人ではないので身を挺してまでそれを阻止できなかったのは残念である。

のちの彼の人生を辿ると、戦争には反対するが日本が一度戦闘状態に入ると愛国者の顔を露呈して、戦争協力のため（例えば、金募集策など）の政策を熱心に行うのであった。経済人・栄一の限界といえるかもしれないが、財界総理とまで称された人なので、もう少し強硬に軍事費支出の増大策と戦争反対の声を強く述べてほしかった気がする。

韓国併合の歴史

渋沢栄一が朝鮮で何をやったかを議論する前に、明治・大正時代の日本と朝鮮の歴史上の関係を整理しておこう。渋沢もこの関係のなかで一翼を担ったので、背後の社会・経済の情勢を知っておくことは有用だからである。ここでは梶村（1977）、木村（2018）を参考にした。

江戸時代の末期に欧米列強は植民地化を目的にして日本に開国を求めてきた。数々の不平等条約を締結させられ、明治維新を迎えたが、日本もアジア、特に朝鮮や中国への進出を図るようになった。

それは、なぜか。筆者の解釈は、欧米が日本を植民地化しようとするなら、日本もそれを真似て他の諸国に進出するのが当然と思うようになったからである。朝鮮や中国は日本の経済力より劣っていたし、旧社会体制の不安定のなかにいたので、進出する余地があると日本の為政者は思ったのである。

その証拠に、西郷隆盛や板垣退助などによる、朝鮮半島を併合するのは正当とする「征韓論」がある。木戸孝允や大久保利通の「非征韓論」と対立して、前者は失脚し後者が政権を握った。だが、結局は、その後に東アジア進出への路線転換をしたのである。当時の朝鮮は、まだ農業を中心にした未発展国であり、政情も不安定だったので欧米列強は朝鮮に関心はなく、日本が朝鮮につけ入る隙のあったことを強調しておきたい。

日本が朝鮮に進出する目的は、欧米列強が行っていた帝国主義的な進出を真似て、領土の獲得や植民地化をして経済上の権益を確保することであった。そのためには日本の産業を朝鮮でも行うようにして、その利益を日本が享受したいとの思惑があったのは確実である。渋沢栄一はその活動の一翼を担う重要なメンバーだったのである。

なぜ朝鮮なのか。ここで三つの思想的根拠を述べておこう。

第1に、梶村秀樹が述べている「日鮮同祖論」である。これは「日本と朝鮮はもともと祖先は同じなので、兄の日本が弟の朝鮮を併合するのは、落ちぶれた分家（朝鮮のこと）を本家（日本）が治めるのと同じこと。不都合はなく、植民地化でもない」という日本側の勝手な思想である。

第2は、「三韓征伐神話」とされるもので、もともと朝鮮は日本の属国とする神話である。『古事記』や『日本書紀』に神功皇后が軍を率いて朝鮮半島に渡り、古代朝鮮の百済・新羅・高句麗の三国を征服したという伝説がある。

第3は、明治時代を代表する思想家・啓蒙家の一人である福沢諭吉による「脱亜（入欧）論」である。歴史家の間では福沢が脱亜論（日本は欧米諸国から近代化を学ぶべきで、遅れている朝鮮や中国からは学ぶことはほとんどなく、距離をおいておくべき、という主張）は一度しか書いていないので、福沢の本心ではないという説がある。一方で、福沢は日本の朝鮮、中国への進出を容認していたとの説もあるし、朝鮮や中国では日本帝国主義を背後から後押しした思想家として批判の的となっているのである。

福沢の脱亜論をどう理解したらよいのかは、歴史家に任せておこう。福沢の人生をたどると、朝鮮も日本と同様に文明開化をせねばならぬと主張していたし、朝鮮における種々の文明開化運動の失敗（例えば、甲申事変。1884年に漢城〔ソウル〕

において、日本の援助を得て開化〔親日〕派が起こしたクーデター。政権の奪取は清国軍の介入で失敗に終わる）を嘆いているので、時々言われるように朝鮮を蔑視してはなかったのだろう。しかし、日清戦争の勝利には喜びを隠すことはなかったので、日本を他のアジア諸国とは異なる優等国とみなし、朝鮮・中国を多少見下す気はあったと判断している。

では、どのようにして日本は朝鮮を植民地化したのであろうか。

それは日本の軍事力を背景に、朝鮮を威嚇して「江華条約」という不平等条約を1876（明治9）年に調印させ、日本人が朝鮮において経済活動を行うことを容認させることから始まった。

例えば、日朝間の貿易における不平等。朝鮮で多く産出される金を日本に安価で輸入するというように、日本は朝鮮における経済活動によって巨額の利潤を得るようになった。この経済活動がのちに述べるように、1878（明治11）年の渋沢栄一の第一国立銀行の釜山支店の開設、1902（明治35）年の第一銀行券の朝鮮での通用となり、ついにはこの銀行券が朝鮮国の紙幣となるのである。

さらに渋沢は、１９１０年代から１９２０年代にかけて、本国において自分が立ち上げたり共同の経営者になった企業のうち、浅野セメント、東洋鉄道会社、電力会社などを朝鮮に進出させて成功を収めることになった。栄一の朝鮮における事業拡大は、朝鮮産業の発展にも寄与したのである。

この頃に、日本の軍隊は朝鮮にますます兵力を送り、植民地化を進めた。欧米列強はこの日本の軍事進出に歯止めをかけようとするが、日露戦争（１９０４〔明治37〕年〜１９０５〔同38〕年）の勝利によって日本の発言力は高まった。朝鮮からの抵抗も軍事力によって制圧して、ついには１９１０（明治43）年の８月22日に「韓国併合」条約によって朝鮮を植民地化したのである。

植民地を統治する機関であった朝鮮総督府が創設され、初代の総督には長州出身の軍人で陸軍大臣になっていた寺内正毅（のちの首相）が就任したのである。こうして日本は朝鮮を属国にするのであった。

朝鮮総督府がどのような組織で何をしていたかは木村（2018）に詳しい。まず総督府になる前の1904（明治37）年の総監府時代に、大蔵省の主税局長・目賀田種太郎が当時の韓国政府の顧問になり、財政・金融制度をつくるのに貢献した。1907（明治40）年に、総監府には既に400名を超える職員がいたのである。

目賀田の重要な仕事として、渋沢との関係でいえば貨幣流通をスムーズにするために、いろいろな貨幣が流通していたところに第一銀行券を貨幣整理事業と称して、政府特約の実質的な中央銀行券としたことにある。

その後、総督府となるが、1914（大正3）年には2万5000人の役人数となり、1937（昭和12）年には6万5000人という大世帯の官庁となった。いかに植民地・朝鮮が日本にとって重要な地位を占めるようになっていたかがわかる。

植民地主義者とみなされても仕方がない

1910（明治43）年8月に、日本は「韓国併合」条約によって韓国を実質的に植民地化し、ポツダム宣言を受諾した1945（昭和20）年の9月まで、その状態が続いた。

この間に、渋沢栄一がどのように朝鮮と関係を持ったかを明らかにして、彼を評価してみたい。一方では植民地主義者であったという評価と、他方では鹿島（2011）に代表されるように、朝鮮の経済隆盛を願っていた栄一だったので、植民地主義者というレッテルはマルクス主義者による判断という評価である。

前者の説は、梶村（1977）や島田（2011）が指摘するように、栄一は「三韓征伐神話」や「日鮮同祖論」の信奉者であったと主張している。しかも基本は日本の帝国主義に賛成であったとしている。

先にも簡潔に述べたが、「日鮮同祖論」はもともと新井白石や平田篤胤などの国学者が、日本と朝鮮は同根であったが、日本が支配者（本家）で朝鮮が被支配者（分家）とみなした思想が発展したものであった。明治時代になると、この思想が日本による韓国併合を同化政策として正当化するようになったのである。

これら史実に立脚しない神話や伝説に基づく日本優位・朝鮮劣位の思想に対して、栄一は強烈に反対論を展開せず、静かに賛意を表明しているので、日本が朝鮮に進出する行動を暗黙のうちに了承していたとみなしてよい。

鹿島（2011）は、第一（国立）銀行頭取の栄一は銀行の支店開設や朝鮮での銀行券の発行、鉄道事業への関与の仕方を詳しく記述しており、栄一を強烈な植民地主義者とは断定できないが、日本の朝鮮進出策の一翼を消極的ながら担ったと判断する。そしてこれによって朝鮮経済が発展したメリットを述べている。

梶村（1977）や鹿島（2011）が、栄一が朝鮮で何を行ったかを詳しく報告しているので、簡単に述べておこう。

まず、1878（明治11）年に釜山に最初の支店を開設し、その後、京城、元山、仁川、平壌と次々に支店や出張所を開設した。銀行の海外における支店開設は特に帝国主義的政策とはみなせないが、異様なほどの外地でのビジネス・チャンス狙いと解釈できなくはない。

思わぬ幸運（?）が1894（明治27）年に訪れた。日清戦争の戦場が朝鮮半島となったことで、軍需品や生活品の生産が朝鮮でなされるようになり、栄一の銀行は中央銀行のような役割を果たすようになって、収益が大幅に上昇したのである。

しかも日清戦争後の三国干渉（独仏露）により、政治的な駆け引きが激しくなっていたのである。

すなわち、朝鮮政府内でも親露派の勢力が強くなり、ロシアと日本の対立が鮮明となった。これが日露戦争の開戦の契機の一つになることは、歴史の教えるところである。栄一もそのなかで日本政府の代理人のような役割が与えられるようになっていった。

もう一つ、栄一の関与した経済活動は、朝鮮内における鉄道建設であった。二つの計画があって、一つは京城と仁川の間、もう一つは京城と釜山の間であった。後者の費用は前者のそれを10倍も上回る高費用だったので、まずは京城と仁川間の鉄道敷設であった。建設をどの国が担うのか、ロシア、清、日本が権益をめぐって争う姿になっていた。

詳しい経緯は省略するが、京城と仁川（京仁鉄道）間の権益は日本のものになりそうであったが、ここには日本国内における政治的な対立、すなわち伊藤博文・井上馨組対山縣有朋・桂太郎組の対立も絡んでいた。

伊藤・井上組はロシアが朝鮮進出を狙っているので、日本だけで鉄道建設を行うとロシアの強い反感を買うとともに抵抗に合うと恐れた。それに対して、山縣・桂組は日本軍が朝鮮内の鉄道を占有できるので、兵士や物品の輸送に好都合として日本による建設に賛成であった。

栄一は山縣・桂組の意見に賛成であったが、その理由は純粋に経済人らしく商取引が増加するので、日本の経済活性化に寄与すると信じていたし、自行の繁栄にとっても好都合と思っていた節がある。政治家や軍人のように政治・外交的な対立や将来の軍事輸送にとって好都合、といった理由ではないので好感が持てるが、外国(将来は日本の植民地になりそうな朝鮮)におけるビジネス上の成功のために鉄道建設を推し進めるということには、かなりの植民地主義を感じざるを得ない。

結局、京仁鉄道は日本によって建設されたが、京城と釜山を結ぶ京釜鉄道は費用が巨額になるのでなかなか建設の目処がつかなかった。しかし、時が経過して1903(明治36)年頃になると日露戦争の開戦が避けられないと予想され、日本政府は軍事鉄道として利用するために、175万円の補助金の支出と1000万円の社債を保証することになり、急きょ京釜鉄道の建設が決まったのである。軍事目的用に京釜鉄道は完成し、日本国有の鉄道会社になってしまったのである。

おそらく栄一は国有化を好まなかったであろう。とはいえ強力な政府と軍部の意向に抵抗はできなかった。このあたりになると民間人・栄一に同情するところが多く、植民地主義・帝国主義にまい進している政府と軍部の横暴であると判断しておこう。外地での鉄道でありながら日本国有鉄道というのは異様な姿だったのである。

とはいえ、栄一の行ったことに同情できない点もある。それは１９０５（明治38）年に第一銀行券を韓国で発行した件である。しかも、本人の肖像入りの銀行券である。この発行は、国内における第一銀行の経営不振を朝鮮で補う意味もあったので、多少の経営上の合理性は認められるが、日本が朝鮮を植民地化するための第一歩に加担したとの理解ができる。彼が植民地主義者であったとみなせる一つの証拠である。現に、５年後の１９１０（明治43）年には韓国併合の時代を迎えるのである。

2024年に渋沢栄一が一万円札の肖像画として採用される、と決定したとき、韓国では批判の声が強く叫ばれた。

マスコミでは、福沢諭吉と渋沢栄一が日本の韓国併合の思想提供者と帝国主義の手先として、名指しで批判のキャンペーンが張られた。かつて植民地となった韓国としてはわかりやすい批判運動である。

栄一にいわせれば、日本経済の発展のため、そして朝鮮経済が少しでも発展するのであるから、自分が朝鮮でやったことへの反省はないと思われる。しかし結果としては、植民地化の一翼を担ったことは間違いない。もし栄一が植民地主義に反対なら、朝鮮での職を辞すべきだったからである。もっとも当時の時代背景であれば、経営者だった栄一にはその勇気はなかったと考えるのが自然である。

これに関して、筆者の一つの仮説を提案しておこう。栄一は若い頃にフランスに滞在したが、この時のフランスがアフリカ・アジアに植民地主義を展開していたこと、植民地が本国の利益になることを見聞していた。すなわちフランスの経済を強くし、国威を高めることをみていた。日本が植民地化されることへの抵抗感と、日本が他国を植民地化してもよいとの気持ちの二つを栄一は抱いたのではないか。

保護主義への転換

渋沢栄一は、第一国立銀行の創設、そして数多くの株式会社の設立に関与した頃には、資本主義の基本原理である自由主義を実践しようとしていた。すなわち政府の規制を排し、自由な経済行動に忠実であり、貿易も自由を旨としていた。ところが島田（2011）の指摘するように、明治時代の中期・後期の何度かの恐慌、あるいは大不況に日本経済が陥ったのち、栄一は保護貿易を主張するようになったし、政府が民間経済に対して関与ないし規制する姿を容認するようになっていた。この変心を経済学の立場から再考してみよう。

まずは自由貿易論から保護貿易論への変心に関してである。経済学では、自由貿易論はイギリスのD・リカードと、それの反対論者であるT・R・マルサスの対立が有名である。

リカードは、ポルトガルのワインとイギリスのリンネルを代表生産品として掲げて、自由貿易は両国にとって有益であると証明した。一方のマルサスは彼独自の人口論の立場から、食料確保のために農業保護が必要として保護貿易論を主張した。現実に、1815年にイギリスで「穀物法」が制定されて、保護貿易に走ったが、1846年には穀物法は廃止されて自由貿易に向かった歴史がある。穀物法論争については、例えば橘木（2012）が詳しい。

栄一が企業経営者として活躍した時代は、イギリスの穀物法論議が終了して、自由貿易論が経済学の主流になっていた。しかしまだ保護貿易論は残っていた。一つは近代経済学における「幼稚産業保護論」であり、経済学思想のなかではドイツを中心に発展した歴史学派の思想に近い。

これら二つの学説は、前者は未成熟な産業については保護貿易は容認されるという理論と、後者は経済発展途上の国では保護貿易政策と強力な産業政策は容認される、という理論である。これら二つの学説については橘木（2019a）に詳しい。

栄一が明治時代の中期・後期あるいは大正期も含めて、なぜ保護貿易論者になったかといえば、ドイツ歴史学派の教えるところで解釈できる。

栄一がこの学説を熟知していたかどうかは不明であるが、当時の日本経済の現状をよく知っているだけに、まだ先進国になっていない日本では、幼稚産業保護論による貿易と産業政策が必要と考えても不思議はない。

特に何度かの恐慌を経験しただけに、それを克服するには民間だけでは対処できないと考えて、政府の支援を期待した感がある。さらにこれは不幸なことであるが、明治時代後期から大正期にかけて、日本は列強諸国との経済摩擦と軍事摩擦が頻発しており、政府の強力な産業政策と軍事政策が他国に敗れない国に導くことができると、栄一のみならずかなりの数の日本人が思うところであった。

これは保守政治家と軍部の結託による植民地主義化、帝国主義化に向かった日本の悲劇になったことは歴史の教える通りである。

こう筆者の判断する根拠は、栄一が朝鮮において行った政策に依存している。政府・軍部が朝鮮進出策を取って植民地化を図っていたのに対して、消極的にではあったがそれに加担したと判断できるからである。

たび重なるアメリカ訪問

東京商業会議所の会頭という財界総理になっていた栄一は、欧米、中国、朝鮮を訪問する。経済問題を諸外国の代表と討議すると同時に、外国の経済を視察するという目的で向かった。当時の政治、外交、経済問題に関して経済界の意見を代弁するという役割も有して、現地の人との交渉にもあたった。

ただし、彼にとっての最初の外国行きである1867（慶応3）年の訪仏は、幕府がパリ万国博に出展するに際しての会計係、庶務係という役割だったので、代表者としての仕事はしておらず、むしろ本人がフランスとヨーロッパから学ぶばかりであった。これに関しては、以前の章でくわしく論じたので、ここでは言及しない。その他の海外視察については木村（1991）から学ぶことができる。

栄一の四度の訪米は、1902（明治35）年が1回目で60歳を過ぎてからの旅であった。この時はイギリス、ドイツ、フランスなども同時に訪れている。2回目は

1909（明治42）年の実業団長として、3回目は1915（大正4）年のパナマ運河開通記念の万国博覧会観覧を兼ねて、4回目は1921（大正10）年のワシントン軍縮会議に財界オブザーバーとしての渡米であった。4回目は81歳と高齢での旅であった。

1回目の訪米は、1902年5月に横浜から船でアメリカに渡り、各地の商工会議所を訪問したり、各種の工場、発電所、製鉄所などの施設を視察した。しかもワシントンDCでは、セオドア・ルーズベルト大統領や国務長官・財務長官にも接見した。その後、ニューヨークから大西洋を渡り、イギリス、ドイツ、フランスなども訪れて、9月に帰国という長旅であった。

ヨーロッパ諸国については別途に述べるとして、ここではアメリカの印象についてのみ述べる。

一言で要約すれば、栄一はアメリカのダイナミズムに感動したのである。工場は効率的な生産体制にあったし、事務所も人が少なくとも仕事をきちんとする雰囲気を感じた。アメリカが経済大国になるであろうということを栄一は肌で感じたのである。さらに、さまざまな人種がうまく融和して事業や生活を営んでいる印象を持ったとされるが、これに関しては栄一が見たのは表面的なことにすぎなかったとしておこう。人種問題はゲットー（居住地域の隔離）などに象徴されるように、明確に存在していた。この時点で人種の融合という印象を持ったということについては、かなり割り引く必要がある。

特に栄一が熱心だったことは、アメリカが強力な経済国家になろうとしているのであれば、政治・外交の面でも世界の中心国になるであろうから、今後の日米関係、あるいはアメリカのアジア政策を見抜きたいとの思いだった。その希望のもとに、アメリカの要人、すなわち政治家や経済人との会談に臨んだのであった。

ひょっとしたら、日本はアメリカと対立するようになるかもしれない、との印象さえ抱いたのである。1回目の訪米以降、栄一は民間外交官の役割を果たすようになるので、特にアメリカでの経験は貴重だったのである。

2回目は、1909（明治42）年に経済人を引き連れての訪米であった。東アジアの端にある日本がロシアに戦争で勝利したので、欧米諸国を驚かせ、日本が対外国との関係で地位を高めた時代であった。しかし、日本の拡張政策は満州を狙う時代となり、日英同盟はあったが、欧米諸国は日本に警戒心を持ち始めていた。

戦争には勝利したが、巨額の外債発行に頼った資金による戦艦や、兵器の購入で、まだ日本は重工業の発展がようやく兆しをみせ始めた頃にすぎず、かろうじて絹・綿製品の輸出で外資を稼いでいたのである。

アメリカ社会と国民の日本への関心は薄い上に、むしろ西海岸の諸州を中心に移民として渡る人の増加が目立ち、移民阻止という排日運動が高まっており、日本人が人種問題の矢面に立っていた。既に述べた日本への警戒心、そして排日運動をなんとか和らげようと、栄一らの財界人がアメリカ経済人との交流を求めての渡米であった。

詳しい交流の実態は省略するが、成果はアメリカ人の日本への理解に多少は役立ったが、必ずしも成功とまでは言えないというのが筆者の判断である。一つの理由はまだ民間人による経済外交はそう定着しておらず、外交はプロの外交官と政治家の仕事とみなされていたことによる。

3回目は、1915(大正4)年である。パナマ運河の開通を記念して開催されたサンフランシスコでの万国博覧会への参加であった。世界では第一次世界大戦が勃発していたし、日米関係も貿易の不均衡問題やアメリカの排日運動が強くなっていたのでぎくしゃくしていた。

日本では、万博に参加するかどうかでさまざまな議論もあったが、栄一の何とか日米関係を良くしたいとの希望が通って参加することになったのである。栄一はこのアメリカ訪問によって、アメリカがますます国際政治的・経済的にも強力な国になりつつあることを認識したので、良好な日米関係を築かねばならないと実感したのであった。

最後の4回目は、81歳という高齢を押して1921(大正10)年のワシントン軍縮会議へのオブザーバーとしての参加であった。

第一次世界大戦によってヨーロッパの勢力図が変化したことに加え、日本が軍事力の強化によるアジア支配を強めつつあったので、世界各国の軍事力のバランスを取る、正直に言えば日本の軍事力を抑制したいという目的のもとでの会議であった。当然のことながら、この軍縮会議は国同士の交渉なので、代表メンバーは政府要人・外交官・軍人であり、財界人はオブザーバーにすぎなかった。

軍縮会議で決定したのは、各国の保有艦船比率を米英が５、日本が３、仏伊が１・75としたことである。主義として軍事支出の増額を望まず、民間の経済活力による増強を第一に望む栄一は、オブザーバーながら会議の背後で軍事費の削減策を日本政府代表に進言し、加藤寛治全権代表（海軍大臣）は困った、という事実が木村（1991）に書かれている。

このあたりの事情を知るにつけ、生涯を通じて軍事支出増加策に異を唱え、戦争に否定的だった栄一を評価したい。とはいえ、愛国者の栄一は一度開戦になると、率先して寄付金の募集などを熱心に行い、勝利をひたすら願ったのである。

このワシントン会議のついでに日本の財界は、英米訪問実業団を組織し、欧米の経済状況を視察した。

そのときの団長人選が焦点となり、財界総理であった栄一は意欲を持っていたが、結局、三井財閥の理事長・団琢磨に決定した。80歳を超えていては団長の重責を全うするのは困難なので仕方がないが、栄一の財界総理という立場もそろそろ返上の時期になっていたのだろう。

英独と仏をどう思うようになっていたか

渋沢栄一が最初に訪れた国はフランスであり、そこで銀行、株式会社、鉄道が経済発展にとって重要であることを学んだ。そして、それを日本でも実行したことはいままでの章で強調して述べてきた。その後、1902(明治35)年にもう一度フランスを訪問しており、同国にどういう印象を抱いたかは興味がある。

それを語る前に、同時にイギリスやドイツも訪れているので、どういう印象を持ったかを記しておこう。まずはイギリスである。日英同盟の締結された頃だけにイギリスには好感を抱いていた。しかも産業革命を最初に経験した経済大国であり、自由主義経済の盟主でもあったので、栄一にとっては尊敬の念を持つ国でもあった。

しかし、実際に見たイギリスの商工業の実態は、やや陰りがみえるものであった。特に成長しつつあるアメリカ経済の現状を見た後だったので、そのせいだったのかもしれない。しかし、まだ大英帝国の威光を誇っており、資産は豊富に蓄積されていたので、日英同盟の助けもあって日露戦争のための起債はロンドンで調達されるだろうと予想したのである。

むしろ栄一が感銘を受けたのは、ドイツの経済が強くなっていることだった。イギリスより遅れていた工業化政策は、宰相ビスマルクによる富国強兵策によって成功していた。経済学としてもドイツ歴史学派の、社会政策による「アメとムチ」の労働者重視の政策、政府が貿易の保護政策や産業政策を実行することによる経済発展の姿をドイツ経済で知ったのであった。

さらに興味深いのは、再度のフランス訪問の印象である。これについては概略を渋沢・大田（1989）から知ることができる。

1回目の時もそうであったが、栄一には、フランスでは実業界が権力を持っていて民間経済を導いているとの印象があったが、これはやや実態を見逃している感がある。1回目、2回目の訪仏時に主として経済人と会っていたので、官界の人との接触はさほどなかったことによる看過だったと思われる。

フランスの実態は、名にし負う官僚国家であった。それを導いたのはかのナポレオン一世であり、その伝統が栄一の1回目の訪仏時であるナポレオン三世まで続いていたし、現代でもフランスは最強の官僚大国である。

栄一が影響を受けたサン＝シモン思想の経済学者ミシェル・シュバリエも官僚養成のエリート校（エコール・ポリテクニク）出身者であり、エリートの取り巻き官僚による指導にかなり依存していた。官主導によるフランス経済の発展というのが一般的な理解である。栄一はそこまで見抜けなかったのである。

もう一つ興味のある点は、フランスが文学、美術、音楽などの文化面で世界の最先端を走り、しかも人気を博していることに関して、さほどの記述がないことだ。自分は芸術に粋なところがないので、その点ではフランスとは無縁であると正直に告白している。むしろ彼は自由主義経済の盟主であるイギリス、アメリカという国を好んでいたとほぼ確信できる。なお、文化面では日本はフランスに憧れを抱いた国であることを橘木（2019b）で示した。

とはいえ栄一は、日仏関係にも関与した。１９２４（大正13）年に東京で開設された日仏会館の初代理事長となった。本来ならば、フランスに滞在した日本の外交官か文化人が就く地位であったかもしれないが、栄一は多額の寄付を期待できる財界の実力者である上に、若い時にフランスに滞在していた縁があった。

日仏会館の設立は、当時の在日本大使であったポール・クローデルとの共同作業であった。詩人・作家であったクローデルと経済人の渋沢（彼は設立に際して多額の寄付をした）の絶妙な組み合わせであった。現在でもこの二人の冠名で、渋沢・クローデル賞という学術賞が授与されている。

あとがき

渋沢栄一が、どのような人生を歩んできたのかを明らかにした。ここで改めて栄一の人生を簡潔にまとめてみよう。

波乱万丈の人生とは彼にピッタリの言葉であるし、尋常ではない変わり身の早い転身をいくつか経験している。例えば、農民から武士への転身、尊王攘夷論者で反権力者でありながらの徳川慶喜方への転属、静岡での企業生活から大蔵省への転職、大蔵省を辞しての民間経営者、経営者を主としながらの福祉事業と教育への関与など、さまざまである。背後には栄一の将来を見抜く眼力と、正確な計算があり、これらの転身が成功で収まるのであった。

彼にとって重要な経験は短いながらもフランス滞在であった。通常の日本人であればフランス文化の吸収に努めるが、栄一はこれには見向きもせず、フランス経済はイギリスには遅れていたが、ここで自由主義、資本主義の真髄を学んで、銀行、株式会社、鉄道の重要さを認識した。これらを日本で根づかせて日本経済、あるいは資本主義の発展に貢献した。

さらに、栄一にとって大蔵省での在職経験は特筆に値する。民間経済の重要性と優位性を栄一は信じてはいたが、明治時代の殖産興業において、国家が経済を牛耳る官庁の実態を熟知していたので、民間会社がどう官庁と向き合えばよいのかのヒントを大蔵省時代に得ていた。それを栄一はうまく利用して自企業の発展に役立たせた。

人生の大半を、数多くの私企業の設立とその経営にあたった。その数は500にまで達するが、ほんの小さな役割しかないほぼ名目上の経営者としての企業も多い。だが、これは財界総理の威光を借りたいという企業の思惑もあった。彼が主に経営したのは銀行、繊維会社、鉄道、電力・ガス、商業などであった。

本書が特に関心を寄せた分野は、栄一の労資協調路線や福祉事業への関与である。資本家の代表である栄一ではあるが、労働者の立場に立って経営を行ったとか、福祉事業に積極的に取り組んだとの声もある。実態はどうであったか、私見を交えて評価を試みた。

結論は、普通の強欲な資本家では決してなかったが、まずは経営を第一に考える資本家であったし、福祉事業への関与は積極的ではなく、頼まれたから乗り出すという面があったことを忘れてはならない。得意な寄付金や資金集めによって、福祉事業に参加しようとしていた。しかし、繰り返すが、儒教の重要性を信じる人物であったことから、道徳や仁愛の精神を尊び、弱者への一定の配慮をしたことは確実である。

本書での新しい試みの一つは、栄一の朝鮮での経営活動の評価である。日本は軍事力と資本力を背景にして、朝鮮、中国への進出を図ったが、彼の第一（国立）銀行の経営者としての経済活動が朝鮮での植民地化政策の一翼を担ったことを忘れてはならない。帝国主義者とまでは呼ばないが、彼の朝鮮での経済活動は、半分は国家と経済界の要求通りに動いたにすぎないが、結果としては帝国主義の手先の一人であったと解釈できる。

記憶しておきたいことは、渋沢は教育界にも進出したことにある。商業教育を日本で根づかせるために努力したし、女子教育にも関与した。後者に関しては女子に職業人として活躍してもらうような教育ではなく、良妻賢母論に忠実な女子教育の推奨であった。これは明治時代ならではの特色であり、いまでいうフェミニズムの精神に欠けることは必ずしも栄一の非ではない。

明治時代の初期という日本資本主義の黎明期だっただけに、渋沢栄一という大人物が波乱万丈ながら大活躍して「日本資本主義の父」と称されるほどの貢献ができたのである。

運に助けられたところもあったが、彼の類を見ない才能と努力、そして未来を見抜く眼力と強い実行力の賜物であった。戦前の日本を代表する傑出した人物であることは確実であるが、別の視点で捉えれば、否定的な面もあることを忘れてはならない。

本書の執筆はわくわくしながら、かつ楽しくできた。渋沢は経済人なので、経済学専攻の筆者にとっては専門家として評価したいし、渋沢と筆者は若い年齢のときに、フランスに滞在したという共通の経験を有していたことも魅力であった。

なお、本書は平凡社新書編集部の和田康成氏の勧めと有能な編集作業で出版できた。氏に深く感謝するものである。ただし、残っているかもしれない誤謬と主張の責任は筆者にある。

2020年9月

橘木俊詔

参考文献

青木生子（2001）『いまを生きる成瀬仁蔵——女子教育のパイオニア』講談社
石井寛治（1977）『日本の産業革命——日清・日露戦争から考える』朝日新聞社
上野喬（1995）『ミシェル・シュバリエ研究』木鐸社
老川慶喜（1996）『鉄道』東京堂出版
大谷まこと（2011）『渋沢栄一の福祉思想』ミネルヴァ書房
鹿島茂（1992）『絶景、パリ万国博覧会』河出書房新社
鹿島茂（2011）『渋沢栄一　Ⅰ算盤篇　Ⅱ論語篇』文藝春秋
梶村秀樹（1977）『朝鮮史』講談社現代新書
木村昌人（1991）『渋沢栄一——民間経済外交の創始者』中公新書
木村光彦（2018）『日本統治下の朝鮮——統計と実証研究は何を語るか』中公新書
桐原健真（2017）「『論語講義』再考：近代論語のなかの渋沢栄一」町泉寿郎編『渋沢栄一は漢学とどう関わったか』ミネルヴァ書房
幸田露伴（1939）『渋沢栄一伝』渋沢青淵翁記念会
桜井徹（1986）「鉄道の国有化」野田正穂他編『日本の鉄道——成立と展開』日本経済評論社
渋沢栄一（1969）「銀行を育てて」長幸男編『現代日本記録全集8』筑摩書房

渋沢栄一述（2008）『論語と算盤』角川学芸出版
渋沢栄一・大田彪次郎（1989）『明治欧米見聞録集成　第26巻』ゆまに書房
渋沢栄一・中里日勝（1998）『回顧五十年　東京市養育院　福田会沿革略史』久山社
渋沢栄一記念財団（2012）『渋沢栄一を知る事典』東京堂出版
島田昌和（2011）『渋沢栄一――社会企業家の先駆者』岩波新書
第一銀行八十年史編纂室（1957, 58）『第一銀行史』第一銀行
橘木俊詔（2009）『東京大学 エリート養成機関の盛衰』岩波書店
橘木俊詔（2011a）『三商大　東京・大阪・神戸――日本のビジネス教育の源流』岩波書店
橘木俊詔（2011b）『女性と学歴――女子高等教育の歩みと行方』勁草書房
橘木俊詔（2012）『課題解明の経済学史』朝日新聞出版
橘木俊詔（2015a）『日本人と経済――労働・生活の視点から』東洋経済新報社
橘木俊詔（2015b）『フランス産エリートはなぜ凄いのか』中公新書ラクレ
橘木俊詔（2016）『新しい幸福論』岩波新書
橘木俊詔（2017a）『遺伝か、能力か、環境か、努力か、運なのか――人生は何で決まるのか』平凡社新書
橘木俊詔（2017b）『家計の経済学』岩波書店
橘木俊詔（2018）『福祉と格差の思想史』ミネルヴァ書房
橘木俊詔（2019a）『日本の経済学史』法律文化社
橘木俊詔（2019b）『〝フランスかぶれ〟ニッポン』藤原書店

橘木俊詔（2021）『フランス経済学史』明石書店（近刊）
土屋喬雄（1989）『渋沢栄一』吉川弘文館
中嶋洋平（2018）『サン＝シモンとは何者か——科学、産業、そしてヨーロッパ』吉田書店
中野孝次（1992）『清貧の思想』草思社
バーリー、A・G、ミーンズ（1958）『近代株式会社と私有財産』北島忠男訳、文雅堂銀行研究社（A. Barle and G. Means, The Modern Corporation and Private Property, Macmillan, 1932）
濱野靖一郎（2017）「「悲憤慷慨」の人、渋沢栄一：「頼山陽」と武士のエートス」町泉寿郎編『渋沢栄一は漢学とどう関わったか』ミネルヴァ書房
一橋大学学園史刊行委員会（1995）『一橋大学百二十年史』一橋大学
細谷新治著／如水会学園史刊行委員会編（1990）『商業教育の曙』全二巻、如水会
町泉寿郎編著（2017）『渋沢栄一は漢学とどう関わったか——「論語と算盤」が出会う東アジアの近代』ミネルヴァ書房
御崎加代子（2006）『フランス経済学史』昭和堂
三野村清一郎（1969）『三野村利左衛門伝』三野村合名会社
三好信浩（2001）『渋沢栄一と日本商業教育発達史』風間書房
文部省編（1954）『学制八十年史』大蔵省印刷局
山本七平（1987）『近代の創造——渋沢栄一の思想と行動』ＰＨＰ研究所
吉田千代（1988）『評伝　鈴木文治』日本評論社
ロストウ、Ｗ（1955）『経済成長の過程』酒井正三郎・北川一雄訳、東洋経済新報社（The Process of

Economic Growth, Norton, 1952)
ロストウ、W（1961）『経済成長の諸段階』木村健康・久保まち子・村上泰亮訳、ダイヤモンド社（The Stages of Economic Growth : A Non-Communist Manifesto, Cambridge University Press, 1960)

【著者】
橘木俊詔（たちばなき としあき）
1943年兵庫県生まれ。小樽商科大学卒業。大阪大学大学院を経て、ジョンズ・ホプキンス大学大学院博士課程修了。仏・独・英に滞在後、京都大学大学院経済学研究科教授、同志社大学経済学部教授、日本経済学会会長などを経て、現在、京都女子大学客員教授。おもな著書に、『格差社会――何が問題なのか』『新しい幸福論』（ともに岩波新書）、『夫婦格差社会』（中公新書）、『プロ野球の経済学』（東洋経済新報社）、『遺伝か、能力か、環境か、努力か、運なのか――人生は何で決まるのか』（平凡社新書）などがある。

平凡社新書959

渋沢栄一
変わり身の早さと未来を見抜く眼力

発行日――2020年11月13日　初版第1刷

著者――橘木俊詔
発行者――下中美都
発行所――株式会社平凡社
東京都千代田区神田神保町3-29　〒101-0051
電話　東京（03）3230-6580［編集］
　　　東京（03）3230-6573［営業］
振替　00180-0-29639
印刷・製本―図書印刷株式会社
装幀――菊地信義

ISBN978-4-582-85959-1
NDC分類番号289.1　新書判（17.2cm）　総ページ240
平凡社ホームページ　https://www.heibonsha.co.jp/